版权声明

Quality Questioning: Research-Based Practice to Engage Every Learner (Second Edition) by Jackie Acree Walsh, Beth Dankert Sattes: English language edition published by Corwin Press, a SAGE Publications Company in the United States, United Kingdom, India and Singapore, © 2017 by McREL International.

Corwin Press是原书的出版者。本书由Corwin Press授权翻译出版。

保留所有权利。非经中国轻工业出版社"万千教育"书面授权，任何人不得以任何方式（包括但不限于电子、机械、手工或其他尚未被发明或应用的技术手段）复印、拍照、扫描、录音、朗读、存储、发表本书中任何部分或本书全部内容，以及其他附带的所有资料（包括但不限于光盘、音频、视频等）。中国轻工业出版社"万千教育"未授权任何机构提供源自本书内容的电子文件阅览、收听或下载服务。如有此类非法行为，查实必究。

Quality Questioning
Research-Based Practice to Engage Every Learner
(Second Edition)

优质提问教学法
——让每个学生都参与学习
（第二版）

[美] 杰姬·阿克里·沃尔什（Jackie Acree Walsh） 著
贝丝·丹克特·萨特斯（Beth Dankert Sattes）

盛群力 吴海军 陈金慧 杭 秀 译

中国轻工业出版社

图书在版编目(CIP)数据

优质提问教学法:让每个学生都参与学习:第二版/(美)杰姬·阿克里·沃尔什(Jackie Acree Walsh)等著;盛群力等译. —北京:中国轻工业出版社,2018.3 (2025.2重印)

ISBN 978-7-5184-1790-2

Ⅰ.①优… Ⅱ.①杰… ②盛… Ⅲ.①课堂提问-教学法 Ⅳ.①G424.21

中国版本图书馆CIP数据核字(2017)第317465号

责任编辑:牟 聪 　责任终审:杜文勇
策划编辑:吴 红 　责任校对:刘志颖　责任监印:吴维斌

出版发行:中国轻工业出版社(北京鲁谷东街5号,邮编:100040)
印　　刷:三河市鑫金马印装有限公司
经　　销:各地新华书店
版　　次:2025年2月第1版第8次印刷
开　　本:710×1000　1/16　印张:16.25
字　　数:140千字
书　　号:ISBN 978-7-5184-1790-2　定价:48.00元

读者热线:010-65181109
发行电话:010-85119832　　010-85119912
网　　址:http://www.chlip.com.cn　http://www.wqedu.com
电子信箱:1012305542@qq.com

版权所有　侵权必究

如发现图书残缺请拨打读者热线联系调换

250018Y1C108ZYW

教育部人文社会科学研究"十三五"规划项目"学习科学视域下教学设计理论发展研究"（批准号：16YA880033）项目研究成果之一

美国教师培养认证委员会（Council for the Accreditation of Educator Preparation，简称CAEP）在评审标准和表现性评价时，提问策略脱颖而出。《优质提问教学法》（第二版）一书将会帮助我们的学生全面理解有效的提问为什么以及是如何影响学习的。通过学前到高中教学中的基础课程和实地经验，我们的学生将会发现这本书是有用的。我喜欢书中包含的视频，它直观展示了教师在课堂上是如何使用这些提问策略的，这样我们的学生就可以立即开始使用本书中基于研究的策略。当学生开发他们自己的表现性评价视频时，本书将起到确实的帮助作用，提供有用的例子。本书将经久不衰，永远不会被抛弃和闲置！

——唐纳·卡尔（Donna Carr）
美国西弗吉尼亚州戴维斯暨埃尔金斯学院教育和运动科学系主任

杰姬·沃尔什和贝丝·萨特斯在连接优质提问的艺术和科学方面有一个近乎传奇的历史。如果艺术家是将他的工艺品雕琢至完美的人，科学家是追求真理的人，那么沃尔什和萨特斯便是集艺术家和科学家于一身的人。对于成人学习者来说，除了他们作为卓越表现者的超凡经验外，我们还有一本书，它可以指导教师通过仔细而实用的过程来提高学生的学业成绩。通过作者提出的"6P框架"，将学生是合作者的概念纳入其中，作者致力于提升课堂学习经验。遵循他们擅长和富有成效的建议，教师将看到学生学习效率的提高、学习程度的加深以及实现学习迁移。

——休·A. 戴维斯（Sue A. Davis）
中学校长、教师
美国肯塔基州教育部前成就差距协调员、教育专家

对于那些希望在课堂上扩大提问影响力的教师来说，《优质提问教学法》

（第二版）是一种难以估量的资源。基于激情和经验，沃尔什和萨特斯概述了一个"6P框架"，教师可以轻松地将之纳入自己的课堂实践。他们提供了一个令人惊叹的研究基础，以及考虑周到的鼓励教师协同思考和反思的提示。本书优美的写作方式，以及对学生声音和学习中的伙伴关系的强调，使其成为所有教育者的重要读物。

——珍妮·多诺霍（Jenni Donohoo）

加拿大安大略省作者、顾问

提问是教师工具箱中最重要的工具。沃尔什和萨特斯教我们如何打磨这些工具以及如何采用合理的工具使得学习效果最大化。她们明白，提问不是审问，而是设计对话教学。你可以通过本书所附的视频看到生动的表现！《优质提问教学法》（第二版）值得每一位有思想的教育者拥有。

——南希·弗雷（Nancy Frey）

美国圣地亚哥州立大学教育领导系教授

这本基于研究的著作，正如作者之前关于优质提问的著作一样，既具有实用性，又具有创新性。我们学区的教师和管理人员通过使用作者之前的著作帮助学生提高了学习成绩。这本新书比作者以往的书都要好。我们期待通过使用这本书再塑辉煌，像以前一样因更有目的地使用优质提问策略而获得成功。

——克里斯蒂·古德温（Khristie Goodwin）

美国阿拉巴马州牛津市城市学校特殊教育主任、课程协调员

所有的教育者都使用提问，但是很少有人使用一个周密的提问循环来吸引学生、深化学生的思维并向教师和学生提供形成性反馈。如果你准备将提

问目标从获得答案转为激发高阶思维，那么《优质提问教学法》（第二版）就是必读书。沃尔什和萨特斯将优质提问与哈蒂（Hattie）促进学习的前 50 个方面中的 12 个方面相联系，包括元认知、同伴学习和教师与学生的关系。你理应不会再有所怀疑。

——康妮·汉密尔顿（Connie Hamilton）
美国密歇根州萨拉纳克社区学校课程总监

阅读这本书，你将发现优质提问教学法的艺术和工艺。沃尔什和萨特斯精心提供了优质提问教学法的目的、过程和实践之间的完美平衡。他们展示了学生在将优质提问法应用于生活、优化认知参与的可能性——有意义的学习的核心方面所起到的重要作用。本书的第一版令人印象深刻，第二版更为简单、精致。

——沙伦·希尔（Sharon Hill）
美国纽约州斯卡斯代尔格林埃克斯小学校长

想象在一个课堂上，教师提出的所有问题都是有目的的、精心设计的，而且所有学生都能高度参与进来，教师使用提问使所有的学生参与思考和回答。再想象一下，有一个基于研究的、经过实际检验的、受到高度赞誉的便利资源来帮助你创造这样一个课堂。不必多说，沃尔什和萨特斯的《优质提问教学法》（第二版）正是你所需要的书。与诺曼·韦布（Norman Webb）的知识深度框架和约翰·哈蒂的最新著作相一致，《优质提问教学法》倡导教师合作思考和师生协同努力，以使所有课堂都实现有效的教与学。

——安德烈亚·霍尼格斯菲尔德（Andrea Honigsfeld）
美国纽约州莫洛伊学院副院长、教育博士项目主管在《优质提问教学法》(第二版)中,沃尔什和萨特斯再现经典。阅读本书就像和一个出色的专业朋友和导师聊天。利用对提问、教学和学习的大量现有的和开创性的研究,每章都对改进教学的提问实践进行了示范。作者邀请我们思考、与同事讨论优质提问的阶段,并指导我们检查和反思个人实践。每一章都鼓励并指导教师如何与学生进行互动和合作,以创建一个直观的、生动的提问课堂。本书包括具体的内容示例和可用的教学策略。本书是教师个人和专业群体用以提高学生思维和学习技巧的奇妙资源,将其作为一种持久的资源阅读、思考和使用,是一种快乐。

——苏珊·赫德森(Susan Hudson)

美国田纳西州教育部教育顾问、前模范教育工作者

大约三年前,作为一名小学校长,我读了《优质提问教学法》(第一版),与一个成功的教师合作阅读、反思和对话。我们的讨论促使我们对使用优质提问促进学生参与方面的思考发生了重大转变。在过去的两年里,我们已经在学区开展合作,使每个校园都能理解和使用《优质提问教学法》。我们的历程包括学习和反思,因为我们致力于提高学生的参与度并实现高水平的学习。《优质提问教学法》(第二版)将使所有教育者都踏上这个历程;其中的研究基础更加严谨,视频示例非常有助于看到提问实践的实际效果。教师在设计提问、考虑学生会如何回答、使用轮流回答方式吸引更多学生的参与,并与学生一起反思学习结果方面变得更加合作、更有目的性。作为一个有25年经验的老教育工作者,看到最成功的资深教师在提高学生学习方面转变他们的思维和实践,这是一种快乐。

——佩奇·梅洛尼(Paige Meloni)

美国环球城独立学区特别项目、资助和研究与发展执行董事

在《优质提问教学法》(第二版)中,沃尔什和萨特斯再次以清晰和简洁的方式呈现了课堂提问的关键技能。在新版中,作者强调了师生协同的重要性,以使学生能够理解提问及其原因。每一章增加的视频示范进一步吸引了读者,对职前和新手教师来说是一个很好的补充。本书是所有不断努力改进实践以更好地影响学生学习的教师的必读书。

——贝奇·罗杰斯(Betsy Rogers)
2003 年美国国家年度教师
美国萨姆福德大学课程与教学系主任、副教授

优质提问是关于将期望转化为行动的教师意向性的。《优质提问教学法》(第二版)提供了提出优质问题的步骤。作为一个额外的好处,它提供了关于提问过程的视频,以说明在实际课堂上展开提问的细微差别,并展现使用优质提问教学法的学生和教师的思考。

教育的目标是创造思考者。这本书,特别是"6P 框架",是教育工作者能够在这项任务中取得成功的绝佳路线图。如果我们专注于将"6P 框架"中的"师生协同"纳入我们的工作,除了提高学生的学业成绩、帮助学生掌握学习内容外,我们还将获益甚多。我们将培养能够在课堂外进行创造和创新的思考者。这是教育的最高境界。

我喜欢的是,作者懂得影响学生学习成功的因素是不固定的,但精通学习则是一个持续的过程。他们没有停留在《优质提问教学法》(第一版)的成功上,而是为下一代的教育者和学习者提供了通过优质提问过程达到精通学习的工具。不要搞错,这是一个过程,精通学习是可能的。作者已经给了我们指南。

——小吉米·肖(Jimmy Shaw, Jr.)博士
美国阿拉巴马州佛罗伦萨市城市学校教学副督导

沃尔什和萨特斯又一次做到了！《优质提问教学法》（第二版）通过"6P框架"指导教育工作者，并提供了应用于课堂教学的实用策略。这一版的特别之处是，允许教育者深化他们对提问的理解。本书的力量在于，通过充分的研究和清晰的写作方式，它可以使教师将教室变成所有学生智慧参与和精神振奋的天堂。

——克里斯蒂娜·索利斯（Cristina Solis）
美国纽约州南部独立学区南部高中教务长
得克萨斯州前学校校长、纽约州教育部网络领导

要提出能刺激学生学习和成长欲望、培养学生好奇心的问题，需要学校和课堂文化的彻底改变。"6P框架"为那些想要进行这一历程的教师提供了一张地图，从准备发人深省的问题，到对学生的回答显示出兴趣，再到与学生进行根本的合作。第二版的特别之处在于，包括了与课堂提问示例视频相关的二维码和体现在整本书中的"师生协同"建议，为教育工作者提供了将"6P框架"纳入备课和课堂教学的具体方法。优质提问教学法中包含的基于研究的策略、有用又有效的步骤以及富有洞见的提示，提供了通过优质提问促进学生思考的方法。

——康妮·汤姆森（Connie Thomson）
美国内华达州东北地区数学、科学和家庭参与专业发展项目教育专家

（说明：以上内容是对本书英文版原著的精选评价，但考虑到英文版原著中的视频涉及第三方版权和其他原因，我社在重印时删除了中文版译著中的相关内容。）

序　言

教师平均每天要问 200～300 个问题。其中的大多数问题是关于事实或内容的低水平、表层式问题，其他则主要是程序性问题（Brualdi，1998；Marzano & Simms，2014；Wilen，1991）。这意味着在 30 年的职业生涯中，许多教师要问 130 万～200 万个问题。哇！提问在教师的大脑中一定有自己的神经通路，或者说，至少有经验的教师会成为伟大的测验大师！过分强调事实性问题、运用讲解和练习模式、教师主讲等都是今天教学的常规。那么，作为接收者，这种讲解、提问和练习模式意味着什么？如果我不得不听一个人每天跟我讲 5 个小时，逼着我学习事实性问题，让我练习那些不求甚解的任务，并学会为了不打断教师的上课而不要提出问题，那么，我想自己会成为一个调皮的人、一个叛逆的人、一个不按常理出牌的人或者一个无聊无趣的人。然而，这就是现在我们许多学生的生活。

此外，如果教师问了一个问题，学生给出了错误的答案，会怎么样？教师会用 40%～60% 的时间来纠正错误，用 40%～60% 的时间请另一个学生提供正确的答案而排除了其他人回答的可能性。教师很擅长选择哪一位学生知道答案或者哪位学生不知道答案，以便维持课堂教学的顺利进行。如果学生的回答是错误的，大约 5%～10% 的教师会予以忽略，另外大约 5%～10% 的教师会利用错误作为一个学习的机会（Tulis，2013）。这里传达出的信息是很明确的——提问是为了获得正确答案。本书对这种传统的课堂提问实践给出了另一种回答，通过各种策略和工具来支持教师通过提问与学生合作，进而增加学生的参与和学习。

除了教师讲解，提问是第二重要的教学方法（Cotton，2000；van Hees，2011）。两种最常见的教师提问形式是展示性问题和参考性问题。"展示性问题"（display questions）是提问者知道答案的问题，而"参考性问题"（referential questions）是引出解释和判断的问题。展示性问题比参考性问题使用得更频繁（82%）（Shamoossi，2004）并且教师在课堂上多是采用IRE/IRF（Initiate，Response，and Evaluate or Follow up，即提问、回应、评价或提问、回应、跟进）顺序（Cazden，2001；Mehan，1979b；Sinclair & Coulthard，1975）。平均来说，教师大概只给予学生1秒钟或更少的思考时间来思考并做出回应（Cazden，2001）；给予聪明学生做出回应的时间要长于能力不足学生的时间，因此，那些最需要等待时间的学生不可能得到回答问题的机会。

教师打算通过提问保持课堂教学秩序，吸引学生参与，引导学生的兴趣，帮助学生形成探究的心态等，这些都是值得称赞的目的。然而，在许多课堂上，断断续续的或者连珠炮似的提问导致学生参与的意愿大为降低，学生也很少自己提出问题。这就是为什么这本《优质提问教学法》如此重要的原因。沃尔什和萨特斯回答了教师如何通过提问促进学生学习的关键问题：教师如何鼓励而不是阻碍学生的参与、思考和评价？为什么教师有耐心、学会倾听和理解学生的回应、创造机会让学生提问以及提出更有质量的问题如此重要？

优质提问始于认识到认知能力的复杂性。本书作者同时使用了修订后的布卢姆分类和韦布的知识深度分类来加以体现［我曾经用比格斯和科利斯（Biggs & Collis，1982）的SOLO（structure of the observed learning outcomes，即可观察学习结果结构）分类，也产生了同样的效果］。优质提问聚焦注意力、激发思考，导致不同认知水平的学习。提问是发生在至少两个人之间的过程，因此应该包括精心安排的反馈（从教师到学生，从学生到教师以及从学生到学生）。阅读这些章节时，你会体验到这是一个多么好的比喻：把课堂想象成一支管弦乐队，指挥要注意倾听他的指挥发挥的作用，全体演奏者要齐心协力奏响绝妙的乐章，这样，所有人都想更多地参与其中并演奏更富有挑战性的曲子。就像作者所做的，这勾画了这样一幅画面：教师倾听提问的影响、不断地做出改变以使得课堂上这支管弦乐队演奏出最美妙的乐章。

在我们忘乎所以之前，教师有自己的事情要做。教师要精心准备提问以便使其发挥最大限度的作用：创造一个学习的课堂而不是满足于忙忙碌碌；让表层问题和深度问题得以恰当平衡，以便帮助学生更好地掌握学习内容和学会理解；帮助学生为了理解而学会提问。在我们的著作中，我们强调，要根据涉及的是表层的（内容）、深层的（理解和关系）还是迁移性（近与远）的问题，以及是首次暴露想法还是巩固这些想法，提问的方式要有根本的不同（Hattie & Donoghue，2016）。我们称其为"肯尼·罗杰斯模式"（Kenny Rogers model），这表示你知道把握具体的时机和分寸。本书的作者请读者在备课的过程中准备问题时考虑这些不同的目的。

沃尔什和萨特斯也强调了不仅要在教师和学生之间建立信任，还要在学生与学生之间建立信任；请学生在感到困惑或好奇时提出问题；鼓励学生即使对自己的答案没有把握也要尝试做出回答，知道错误的答案也是一次很好的学习机会。这意味着从寻找"正确的答案"中走出来，引导学生进入学习的新天地（Edwards & Martin，2016；Nottingham，2015）。大脑确实是个伟大的错误预测器；它可以被训练去寻找答案、反复掂量、重构思维，以获得最优发展。我们不能回避错误，不能将提出问题和回答问题作为一种缺陷，而要看成是学习的开始。提问是一种核心技能。就像一个3岁的孩子万事都要问一个"为什么"，我们要把"为什么"和"为什么不"带回课堂。

让乐队的演奏开始吧。

约翰·哈蒂（John Hattie）
墨尔本大学教育研究所所长、教育学教授

作者简介

杰姬·阿克里·沃尔什（Jackie Acree Walsh）是一位独立的教育顾问，与美国各地的教育工作者合作，加强课堂、学校和地区的教学、学习和领导。她的激情所在和主要的专业领域是提问——既包括中小学学生学习，也涉及成人学习。杰姬也是总部设在阿拉巴马州蒙哥马利的阿拉巴马最佳实践中心（Alabama Best Practices Center）首席顾问，这使她有机会与学校团队、地区团队、教学负责人和督导开展合作。

杰姬年轻时担任过高中社会课教师，这奠定了她在提问实践方面的热情。她既有K—12教育的经验，也有高等教育的经历，同时也有在区域研究实验室和州教育行政部门工作的经历。作为教师专业学习的设计者和促进者、教师培训师和管理者，她不仅将优质提问的实践同学生的思考和学习联系起来，也同成人的学习和反思联系起来。她致力于根据学习者所处的情境通过合作设计来定制学习。

她是优质提问系列著作和论文的作者和合作作者，寻求让研究成果和最佳实践为广大教学实践工作者所接受。她与贝丝·萨特斯合作撰写的书包括《优质提问助讨论》(Questioning for Classroom Discussion，ASCD，2015)、《优质提问促思考》(Thinking Through Quality Questioning，Corwin，2011)、《通过优质提问提高领导力》(Leading Through Quality Questioning，Corwin，2010)、《优质提问教学法》(第一版)(Corwin，2005)等。杰姬在杜克大学获得学士学位，在北卡罗来纳大学教堂山分校获得硕士学位，在阿拉巴马大学获得博士学位。

贝丝·丹克特·萨特斯(Beth Dankert Sattes)的工作主要是面向成人学习者，她目前主要在西弗吉尼亚州首府查尔斯顿的培训公司"热心学习"(Enthused Learning)开展工作，之前是在位于查尔斯顿的一个地区实验室"Edvantia"任职。她的主要关注点是促进教师反思如何以最好的方式通过(基于研究的)课堂提问实践强化学生的思考和学习。在她的职业生涯中，她指导过家长、教师和学校领导个人或团队开展学习，并已成功地指导过中小学教师的培训者。她在网站上跟进或通过技术支持课堂和学校发生的变化。贝丝热衷于通过提问促进思考，特别强调提供公平的学习机会。

贝丝早年做过小学特殊教育教师，对象涉及从学前班到五年级的孩子。在那段时间里，她与孩子们的父母进行广泛的合作，发现了她喜欢这种与成人合作支持儿童学习的工作。贝丝在田纳西州纳什维尔市的范德堡大学获得了学士学位，在皮博迪大学(现在属于范德堡大学)早期特殊教育专业获得硕士学位。

贝丝与杰姬合著了五本书，包括《优质提问教学法》(第一版)(Corwin，2005)、《优质提问助讨论》(ASCD，2015)、《优质提问促思考》(Corwin，

2011)、《通过优质提问提升领导力》(Corwin,2010)和《在学校内部做出改进：创建高绩效的学习社区》(*Inside School Improvement: Creating High-Performing Learning Communities*，Rowman & Littlefield Education，2000)。

目　录

导　言　更新的源泉　/ 1

第一章　建立模型：什么是优质提问？　/ 7

优质提问的核心实践　/ 11　　　打磨实践　/ 15
　　准备问题　/ 12　　　　　　　　师生协同　/ 16
　　提出问题　/ 12　　　　　　　　角色与责任的转变　/ 19
　　促进思考　/ 13　　　　　　　　潜在的影响因素　/ 20
　　处理回应　/ 14　　　　　　　　复习与思考　/ 22

第二章　准备问题：优质问题的特征是什么？　/ 25

优质问题能把学生与内容联系　　　检查理解　/ 45
　　起来　/ 28　　　　　　　　　　帮助学生理解文本　/ 46
　　知识的维度　/ 30　　　　　　　加深与强化学习　/ 47
　　没有"正确的"焦点问题　/ 32　　促进元认知思考　/ 48
　　有用的框架　/ 33　　　　　　　最后的考虑：情境　/ 48
优质问题是有目的的　/ 39　　　　优质问题能使学生达到多样而
　　设置学习阶段　/ 42　　　　　　　合适的认知水平　/ 50
　　建立基础知识　/ 44　　　　　　意识与意图　/ 51

使用框架帮助准备问题 / 53
优质问题是清晰而简洁的 / 69
    措辞 / 70
    语法 / 70

最后的检查 / 71
提出优质问题不能靠运气 / 72
复习与思考 / 73

第三章　提出问题：教师如何让所有学生参与思考与回应？　/ 75

课堂文化影响学生的参与 / 78
    从影响参与的信念开始 / 79
    加强课堂文化的实践 / 81
轮流回应结构帮助并促进学生的参与 / 87
    为了建立基础（表层）知识与检查理解的回应结构 / 87
    使学生参与深度思考的回应结构 / 90

轮流回应结构的作用 / 94
提出问题 / 95
提供思考答案的时间：思考时间1 / 96
指定回答者 / 101
详述中的回应 / 101
讨论中的回应 / 105
复习与思考 / 106

第四章　促进思考：教师如何帮助学生建立联系？　/ 109

回答问题时采用"无退出选择"策略 / 112
思考时间2："神奇"的停顿？ / 114
鼓励学生通过积极倾听与开放式回应拓展思维 / 122
帮助学生建立联系的提示与线索 / 126

提示 / 129
线索 / 129
提示可以帮助深化思考与理解 / 130
使用提示促进学生思考 / 135
支架是有意义的 / 136
为什么支架对学习很重要？ / 142
复习与思考 / 143

第五章　处理回应：教师如何使用反馈深化学生的思考与学习？　/145

有效反馈的互动性与双维度　/149
学生的回应为教师下一步的教学提供反馈　/152
　　将学生的回应转换成给教师的反馈　/153
　　使用学生反馈确定下一步教学内容　/155
教师的反馈为学生下一步的学习提供了方向　/158
　　明确目的地：我将去向何处？　/158
　　估计进展与确定差距：我将如何前往？　/162
　　确定下一步的学习计划：接下来的目的地在哪儿？　/168
做好平衡　/169
反馈可能会终止讨论　/171
培养学生提问与产生反馈的能力　/173
　　使用教学策略支持学生　/174
　　让学生参与同伴评估与反馈　/180
引导学生开展真实的讨论　/181
让三分之二沉默的学生参与学习与思考　/182
复习与思考　/183

第六章　打磨实践：如何推进对课堂提问的反思与对话？　/185

合作计划与反思：问题设计研讨会　/188
互相观察：打开反思之门　/192
促进学生反思：课堂转型的源泉　/199
设定个人目标：实践中的意向性　/200
依托你的优势　/204
结语　/205

附　录　促进学生参与思考与回应的回应结构 / 207

相似匹配 / 209　　　最后总结陈词 / 219

四方分享 / 211　　　四角研讨 / 221

用笔思考 / 213　　　轮流讨论 / 223

访谈设计 / 216

参考文献 / 227

译后记 / 235

导　言　更新的源泉

当它来到森林边缘的时候，溪流已经长大了，几乎成了一条河，并且长大后，它既不像以前小时候那样跑啊跳啊，也不闪闪发亮，只是缓缓流动。因为它知道自己正流往何处，它告诉自己："不急，我们有一天终究会到达那里。"

——A. A. 米尔恩（A. A. Milne），《小熊维尼的小屋》
（*The House at Pooh Corne*，1928/1992，pp.92—93）

优质提问是一个有机和动态的过程。想象一条河流，它的源泉来自教师通过反思日常课堂实践而不断进行的学习，它的河床是基于研究的原则而产生的知识。想象其支流根据新的研究和分析，以对过程更深刻的理解来更新主流。请考虑影响河流进程和组成的变化的环境因素。

将优质提问比作河流传达了过程永恒但不断变化的本质，我们相信，这对有效的教与学来说至关重要。在《优质提问教学法》（第二版）中，我们试图抓住这个不断变化的过程的本质。考虑到新出现的一些重要的研究、教育领域发生的巨大变化以及最重要的，我们与教师合作学习的经历，这一版在10年前出版的第一版的基础上进行了延伸和拓展。我们对于优质提问教学法的研究已经走过了很长一段历程，而这些新的力量为我们继续探究和发现提供了动力。

过去10年新出现了与优质提问核心实践相关的重要观点。诺曼·韦布的知识深度研究进展拓展了我们对提问性质与目的的理解。里克·杜富尔（Rick DuFour）等人关于专业学习社区的前瞻性思考，强化和延伸了我们将教师协同思考作为创造优质问题机制的主张。迪伦·威廉（Dylan Wiliam）关于形成性评价和反馈的先进理念，为在提问中发挥这一功能提供了重要的见解。许多从业者和思想领袖，包括罗恩·伯杰（Ron Berger），扩大了我们关于在学习过程中为学生提供工具和机会使其变成真正的合作伙伴价值的思考。而且，神经科学家的发现增加了我们对学生思维（包括认知和元认知）的认识，以及如何通过提问使其可见。哈佛大学"零点项目"（Project Zero）戴维·珀金斯（David Perkins）和罗恩·里奇哈特（Ron Ritchhart）等人的工作不断将这些研究结果转化为教与学的实用策略。在这本新版书中，你会看到，是以上这些专家和其他数十位学者的工作塑造了我们对提问过程的新思维。最后，约翰·哈蒂综合的超过900项对于数以千计的研究做的元分析（Hattie, 2012），强化了我们关于优质提问通过对话和相关策略深化学习，以及提问促进了对教师和学生的反馈的案例。在本书中，你会看到哈蒂确定的强烈影响学生学业成绩的11个影响因素。其中的每个影响因素都与优质提问实践直接相关。哈蒂的研究验证了我们倡导的提问方式。

自从第一版的《优质提问教学法》出版以来，教育界以及更广泛的文化领域发生了巨大的变化。新的州和国家课程标准与评估，越来越重视以高水平认知来深化知识。其中主要的标准是在第一版出版4年后公布的《共同核心州立标准》（Common Core State Standards，简称CCSS）。新的标准强化了我们的重点，即以提问作为促进学生思考的催化剂、加速技术的便利性和应用，尤其是学生回答系统的多样性，提高在课堂内或者在线学习中所有学生参与回答的可能。工作场所的新要求强化了所有学生离开学校时拥有各种能力的必要，比如，能提出问题、与团队合作解决问题、与那些和自己想法不同或个性差异的人建立互相尊重的关系等。《优质提问教学》（第二版）进一步强调了这些问题。

对我们扩展思维起到最大帮助作用的，是我们与教师和其他教育工作者的合作学习经历。在过去的 10 年中，我们已经推进了全国各地数以千计教师的专业学习。我们有机会与许多学校和地区长期合作。通过与教师对话和进行课堂观察，在把教室转变为探究之地和改变师生的角色与责任面对的挑战和取得的成功方面，我们不断获得新的见解。我们从那些敢于尝试、参与反思性实践、与学生和同事合作的教师那里学到很多。《优质提问教学法》（第二版）融合了这些从业者的智慧，并且像我们以前的著作一样，尊重教学活动的复杂性与努力打磨日常实践的人们的勇气。我们很感激这么多人愿意和我们一起探讨这个让我们依然充满激情的过程。

与第一版一样，《优质提问教学》（第二版）面向所有内容领域和角色类型的中小学教师和教育领导者。通过这本书，我们提供了跨年级、跨领域的实例，但是主题和策略，正如提问本身一样都是通用的。因为在任何环境下，提问都是教学的中心过程，对所有人来说都是不可或缺的。

本书概要与特点

本书第一版主要关注提问的"QUILT"（Questioning and Understanding to Improve Learning and Thinking，即通过提问和理解促进学习和思考）五阶段过程，本书第二版则探讨了我们称之为"6P 框架"的六个核心实践：准备问题（prepare the question）、提出问题（present the question）、促进思考（prompt student thinking）、处理回应（process student responses）、打磨实践（polish questioning practices）与师生协同（partner with students）。其中五章详细介绍了前五种核心实践，并提供了策略、工具和示例，以帮助教师迁移到课堂环境中。本书的特别设计将帮助你了解第六个核心实践（师生协同），加深你的理解，并应用你正在学习的内容。本书章节内容和特别设计简述如下。

章节内容

第一章 建立模型：什么是优质提问？

第一章给出了"优质提问"这一术语的定义，并且将其界定为一个从准备到反思的贯穿教与学的过程。我们提出了优质提问的循环圈，它由五个核心提问实践和第六个过程组成。当第六个过程启动时，课堂才真正发生变化。第一章同时还介绍了"6P 框架"，其中包括 6 种实践的特征以及与之相关的关键行为。从传统提问转变到优质提问实践需要采用新的基本信念以及学生和教师承担新的角色和责任。

第二章 准备问题：优质问题的特征是什么？

在这一章中，我们聚焦提问的六种不同目的，以及它们与具体类型问题的关系。我们还简单考察了与学生学习和设计问题相关的知识的水平，从表层知识到深度知识再到概念化知识。我们强调了在课前准备有限数量的焦点问题的重要性。此外，我们突出以师生协同来创造一种共同理解，即提问的主要目的是建构知识，而不仅仅是得出正确答案。

第三章 提出问题：教师如何让所有学生参与思考与回应？

在本章中，我们提出了使所有学生最大程度地参与提问和回答的策略。我们提供了多种回应结构案例，当教师决定要让学生回答每个焦点问题时，可以使用这些案例。这包括技术支持下的"所有学生回答"案例。我们介绍了"思考时间 1"的概念，并强调了教学生利用延长的安静时间来思考正在问的是什么问题，以及对于这一询问他们可以联系哪些最近学的知识。在本章中，我们强调采用师生协同来创建一种共同的期望，即每个人都有责任利用时间来考虑对于提问中包含的主题或问题，他们知道什么。

第四章　促进思考：教师如何帮助学生建立联系？

在这一章，我们强调了我们的信念，即提问题的目的是，对于给定问题，激活学生"他们认为自己知道的"知识，并且帮助他们澄清误解。本章探讨了引导学生思考和回答以促进学生学习的语言提示、一种强大的非语言提示——"思考时间2"和后续问题。如果教师要帮助学生建立联系，他们必须致力于主动倾听，侧重了解学生回答背后的思路。师生协同对于教师在这个阶段取得成功至关重要：学生必须认识到，教师提出的后续问题表示，教师关心每个人的学习，以及在问答过程中每个学生是否感到心情舒畅、富有责任，即使学生最初的回答偏离了轨道。

第五章　处理回应：教师如何使用反馈深化学生的思考与学习？

本章主要考察反馈以及它是具体如何促进教师的教学和学生的学习的。我们还探讨了教师可以使用的提问策略，以深化学生对事实和概念的思考，并帮助学生在所关注的观念或原理之间建立复杂的联系。如果学生要从彼此的回答中学习，通过合作来加深每个人的知识，那么他们必须乐于与教师以及与同伴合作。这不是碰巧发生的，教师要鼓励并支持这种共同学习的思维模式和方式。

第六章　打磨实践：如何推进对课堂提问的反思与对话？

课堂提问是个复杂的过程。许多变量会影响这一过程的质量，包括教师的备课和技能水平，学生对提问目的、自己角色和责任的理解，师生共同创造的课堂文化，内部成员之间互相挑战和支持的专业共同体。在本书最后一章，我们强调教师与学生、教师与同事合作的方式，以促进提问过程，支持学生的参与、思考和学习。

特别设计

师生协同。这一版更强调师生合作，并且这一部分被整合进了每一章。每一个"师生协同"部分都突出了一个具体的规范、行为或学生参与和提出优质问题的重要想法。每个部分都可以转化为一个与具体优质提问信念或实践相关的微课（minilesson）。这些建议的与学生进行的对话和活动会增强学生对于优质提问实践重要性的理解。它们被设计纳入关于一年课程的课堂反思中，并且提醒你和学生一起合作来创造一个优质提问教学课堂的重要性。

思考与讨论。像学生一样，成年人在有机会和同伴交流时学得最好。在理想情况下，你将有机会与你的同事讨论书中提出的观点，不管是以正式的阅读研讨形式还是以非正式的对话形式。你可以使用"思考与讨论"部分中的问题来促进合作对话。

复习与思考。每章末尾都有一个"复习与思考"列表，概述了该章的主要内容，以及对当前的观念和实践进行自我评价的提示问题。我们鼓励你在这里有意停留并反思。这样做将有助于你巩固对该章中观点的理解，并将这些想法与你当前的实践联系起来。

在写作了《优质提问教学法》第一版之后的10年里，我们对这项工作的热情并没有减弱，促使我们开始此项工作的需求仍然存在。课堂提问的承诺和实践之间的差距仍然广而深，因此，学习者之间优势和劣势的差距也在继续扩大。我们希望本书将能激励你并能作为你继续在课堂、学校和更广泛的专业社区内进行优质提问教学这项工作的一种资源。

第一章
建立模型
什么是优质提问?

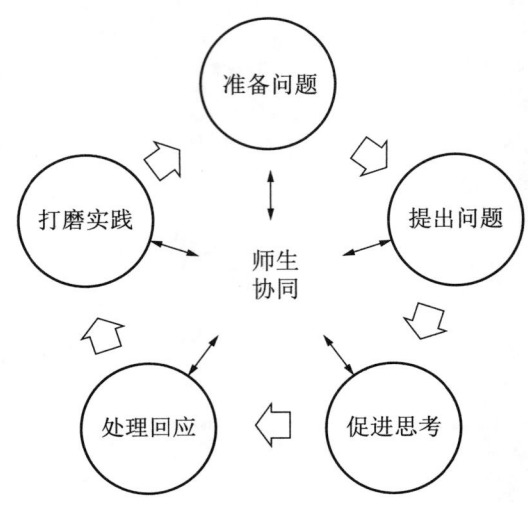

> **焦点问题**
> （1）把优质提问看作一个过程为什么很重要？
> （2）优质提问的核心要素是什么？
> （3）在优质提问实践中，教师和学生的角色与责任有哪些转变？

　　好的教师应该拥有沟通的能力，能够在教师、课程和学生之间编织一张网络，如此，学生才能学会编织一张自己世界的网络。

——帕克·J. 帕尔默（Parker J. Palmer），
《教学勇气》（The Courage to Teach，2007，p.11）

　　通过优质提问，我们寻求鼓励"提问、思考和学习"这三个认知过程的方法和将其联系起来的方法，用以促进学生和教师的行为。"优质提问"（quality questioning），是一个有特别意义的术语。它是与学生提高成绩的研究及最佳实践相联系的过程，也是有意识的完美合作、教师规划教学和实时决策的结果，展现了基于相互信任与尊重的师生共同创造的课堂文化。

优质提问是一个源于对优质问题的呈现,聚焦注意、促进思考和促成学习的过程。优质提问能够促进教师与学生的反思、反馈和互动,还能促进教师与学生深度了解教学内容,进而展示其理解。教师可以通过参与六个核心实践(如图 1.1 所示)计划和提升这个过程。

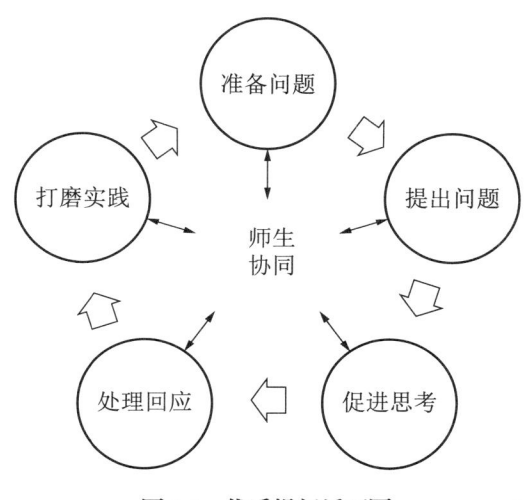

图 1.1　优质提问循环圈

(注:教师可以运用此图作为计划、评估和改进核心提问实践的图示。当师生在每一个阶段都能做到协同努力时,优质提问就成了学生学习的助推器)

正如图 1.1 所示,如果不考虑"认知"层面,优质提问不只是一个结构良好的问题,也不只是学生对问题正确的回答,甚至是精彩的回答,或者教师对学生回答的反馈,哪怕是完美的反馈。正如我们所定义的,优质提问超出了传统的提问方法,传统提问法反映出的是一个学生在一段时间内的表现。优质提问的理念是面向全体学生的提问——在学习周期的任一阶段——经过精心设计让全体学生都理解和明白的提问。优质提问的核心是学习上的平等。同样重要的是,优质提问能使教师了解学生在达成学习目标的过程中所处的位置。

优质提问是一个包含六个核心实践互动的动态过程。它源于教师对教与学的信念，在这其中，重要的是：

- 学习要求学生作为积极的意义构建者在认知和社会层面的参与。仔细构思的提问相当于这一合作思考过程中所需要的思考、讲述和倾听的催化剂。
- 提问是教师与学生评价学生学习的工具，并不是流行的电视节目"有奖智力问答"所呈现的方式。无论对或错，所有的回答都是学习的机会。
- 当教师对学生的参与有具体的期望时，当教师有意选择能够促进学生平等参与的回答时，所有学生都能从课堂提问中获益。
- 如果提问的设计是激励学生思考，那么就应给学生留有思考的时间、与同伴相互交流以及与教师建立联系的机会。
- 教师可以利用学生的回答作为反馈来支持下一个教学步骤——包括但不限于给学生提供反馈。
- 当学生共同讨论所学知识时能够深化他们的学习和理解。

这些信念是优质提问六个核心实践的基础，与之对应的行为，我们称作"6P 框架"（如表 1.1 所示）。

表 1.1　优质提问的"6P 框架"

准备问题（Prepare the Question）
● 确定主要内容。 ● 考虑教学目标。 ● 确定预期的认知加工水平。 ● 精心编排的措辞和语法。
提出问题（Present the Question）
● 指出回答的结构。 ● 提出问题。 ● 留出思考的时间。 ● 指定回答者。

续表

促进思考（Prompt Student Thinking）
● 明确每个学生都有责任回答问题。 ● 理解隐藏在回答后的思维。 ● 再次留出思考的时间。 ● 提供适当的语言帮助。
处理回应（Process Student Responses）
● 以学生的回答作为反馈来指导下一个教学阶段。 ● 给学生提供策略反馈。 ● 鼓励学生相互提问和反馈。 ● 鼓励学生在互动中加深思考和理解。
打磨实践（Polish Questioning Practices）
● 对提问实践进行个人反思。 ● 设立个人进步目标。 ● 与同事反思提问质量和提问实践。 ● 让学生反思在提问中达到了何种期望程度。
师生协同（Partner With Students）
● 使学生思考提问的目的。 ● 与学生合作建立个人和集体对于平等参与的责任。 ● 创建一种"思考光荣"的文化和一种"所有回应都是学习机会"的价值观。 ● 合作创建一个课堂学习社区，社区里的所有成员都把有价值的反馈、学生提问和对话作为深度学习的方法。

优质提问的核心实践

"6P框架"包含了关键提问实践和与之对应的高水平的学生参与学习的行为。这些实践来自基于提问和师生之间互动的广泛知识。每一个核心实践都会影响其他五个核心实践，也会受到其他五个核心实践的影响，它们构成了优质提问的过程。

准备问题

优质提问是产生思考和真实学习的基点。优质提问开始于课前准备一定数量的焦点问题。在大多数情况下，教师要基于以下几点准备 2～4 个焦点问题：（1）重点内容（由具体实施的标准驱动）；（2）教学目标；（3）认知要求或思维水平；（4）合适的措辞和语法。另外，也要考虑学生的知识储备和性格与兴趣。也可邀请学生把各自真实的问题带到课堂上来；实际上，有时教师可以把这个任务分配给学生。通过精心设计的主要问题，师生双方就会提出新的问题。

优质的焦点问题可以引出后续的真实问题，这些问题有助于学习或者使学习达到一个新的高度。我们认为，在准备阶段更应该关注问题的质量而不是数量。

以上的准备阶段体现了最好的实践。在现实中，只有很少一部分教师在课前准备焦点问题。因此，许多教师习惯于用传统的方法提出很多简单的、回忆性问题来指导学生复习。在 1970 年出版的一份关于提问的研究报告中，高尔（Gall）得出的结论是，通常情况下，教师每分钟会问 1～3 个问题。在我们的研究（Appalachia Educational Laboratory，1994）中，在 95 位教师自己录制的课堂教学视频中，提问是主要的教学策略，15 分钟平均问了 43 个问题（每分钟 2～3 个问题）。在过去 20 年中对我们自己课堂的观察（以及来自同事的报告）印证了这些早期的研究结果。

提出问题

教师提出问题的方法要比问题本身传达的内容更多。这种提问表明，教师认为问题很重要，也表明他期望学生能够使用这些问题激发他们对相关主题的思考。对比下面的案例：

【**课堂 A**】课前，教师把焦点问题写在白板上。在一定的时间内，教师向全体学生提出问题。她语速缓慢，强调问题的要点；她边提问边巡视着全班，表示出对每个学生思考内容的好奇和兴趣。她邀请学生回忆对主题的思考和见解——或者快速写下他们的想法，或者默默地反思。最后，教师点名让一个学生率先说出他的思考，强调她很愿意听到学生对于主题的真实思考和见解，而不是学生所想象的教师的期望。教师也会提醒学生，她会叫没有回答问题的学生评价第一个学生的答案：如果不赞同第一个学生的答案就要说出自己的观点；如果赞同，也要对第一个答案进行补充。

【**课堂 B**】教师提出一个问题后等待学生自愿举手回答，并让她认为最可能回答正确的学生回答问题。对于没有回答问题的学生，教师要求他们如果赞同答案就竖起大拇指。注意到大多数学生竖起大拇指后，教师就开始提问下一个问题。

你认为你的学校存在哪一种提问模式？我们在很长一段时间内观察了几百个课堂，绝大多数教师都是采用第二种模式。实际上，我们的观察结果与另外两位研究者30多年前对4—8年级课堂的研究结果一致：目标学生（教师要求回答问题的学生）发言的次数比同班学生多出3倍；25%的学生从来没发过言（Sadker & Sadker, 1985）。

我们把四个互不相连的行为与提出优质的问题联系起来。第一，确定学生回答的结构与所提问题是相适应的，使所有学生都有义务对他们的回答进行思考，并且保证这些思考教师是可以了解到的。第二，与提问有关的行为：教师提出的问题能引起学生回答的兴趣吗？每个学生都理解他的回答吗？第三，提问后要有暂停的行为，即"思考时间1"（或"等待时间1"）。这个时间留给学生思考提问的内容，也是让他们反思他们对问题知道多少。第四个行为是引导学生回答（比如，点名让学生回答）。

促进思考

在"正确答案导向"的课堂上，如果没有立即得到正确的答案，教师常常会叫另一个自愿者（大多数情况下是踊跃举手的学生）回答问题或者自己说出答案。然而，优质提问通常会激励被难倒的学生继续思考。教师给出口头线索或提示鼓励未回答出的学生产生联想或者鼓励学生"冒险"说出答案以展示其思考过程。如果答案不正确或者不完整，教师和其他学生都会给予回答的学生充足的时间继续思考、修正或者扩展其回答。这个回答后留出的时间被称为"思考时间2"，这个时间不仅对回答者是一种非言语鼓励，而且为教师和其他学生提供了对答案进行反思的时间，以及如果回答者不能自我纠正，教师可以利用这个时间准备后续问题来帮助回答者。后续问题可以帮助学生思考和进行知识建构。

教师通常不用这种方式激励学生，取而代之的是，当第一位学生回答不出来、答错或答对一部分的时候，教师重新提问另一个学生。比如，有研究表明（Cotton，1988；Mills，Rice，Berliner，& Rousseau，1980），有一半学生的回答与教师的问题处于不同的认知水平上，然而，教师经常接受这个回答，不再进一步探寻或鼓励正确的回答。可是，奥恩斯坦（Ornstein，1988）在关于有效提问实践的研究评论中认为，探寻与学生成绩的提高成正相关。而且，思考时间2很少在课堂上体现出来。在我们的研究（Appalachia Educational Laboratory，1994）中，学生回答提问后，教师只等待3秒钟或者用不到1%的时间来等待。超过90%的学生回答后，教师没有留等待的时间而且还常常打断学生的回答。

处理回应

在"正确答案导向"的课堂上，学生的回应往往因为其答案的正确性或者另一个学生的回应导致教师对学生的回应进行评价。正确的回答结束了提问。在许多课堂上，这仍是主要的提问方式。然而，在优质提问的课堂上，教师和学生将第一个学生的回应看作继续学习的机会。对教师来说，学生的回应被看作做好下一步教学决策的反馈：我应该对学生的回应提供什么样的反馈？下一节课我该从哪里开始——重新教学还是扩展学习？对没有做出回应的学生来说，同学的口头回应为他们提供了是否赞同（如自我评价）同学答案的思考时机以及如果需要的话，他们会提出问题以澄清自己的理解。这种教师和学生对学生回应的反应表明，所有学生都在听同学的回答并理解其思考。

注意，我们使用的是词语"回应"（response）而不是"回答"（answer），这样做有两个原因。第一，回答有思考终止的意思，也就是"到此为止"。而回应很少有"结束"的含义，更多的是新言语的出现——对于修正和扩展是开放的。前面说过，当一个学生不能回应一个问题或者回应错误时，优质提问会进行后续提问来鼓励继续思考，以此努力帮助学生理解。第二个原因与我们对优质提问范围的观点有关。我们认为，优质提问不仅是检查学生理解的一个工具，而且是帮助学生进入讨论环节的一个过程。通过对话，学生相互进行交流或者对同学进行回应，而不是仅仅对教师做出回应。在这种情况下，"回答"一词似乎不太准确。

处理学生的回应，为这种对话打开了一扇门。当学生把说话、倾听和思考连在一起时，既巩固了知识，又深化了思考和理解。学生的对话中所包括的概念和想法，而不仅仅是背诵正确答案，才是优质提问看重的东西。在这样的讨论中，我们可以想象学生提出问题，参与高认知水平的思考并将他们的理解推入新的深度。

打磨实践

课堂提问是个复杂的过程，它促使教师与学生打磨倾听、思考和说话技能，并用这些技能来改善课堂互动和提高所有学生的学习。这种改进要求师生对以往的表现进行反思；没有反思，我们就会倾向于"习惯成自然"，即使没有效果也会如此。

那些致力于优质提问的教师试图为自我完善设定目标。他们使用"6P框架"作为设定目标和常规反思的总体结构。此外，制订合作计划的教师在优质提问实践中，能够在反思上彼此支持。

同样重要的是，教师要鼓励学生在优质提问的实践中进行反思。个别学生需要时间和框架来思考诸如此类的问题：为了帮助我的学习，倾听和应用这些问题要达到何种程度？在课堂上，我们彼此倾听和帮助学习，我对学习共同体的形成有贡献吗？为了个人的提高，我可以设立什么目标？

师生协同

在优质提问过程中，师生协同是其他五个核心实践的中心。在我们早期的课堂提问研究中，我们已经认识到教师不能够单方面确保学生接受优质提问法。教师必须发展与学生的良好关系，以便于其能够充分了解学生，设计出适合学生的问题；共同创造课堂环境，把问题作为一个探索和学习的工具，而不是仅仅作为呈现正确答案的工具；培养互相尊重和信任的文化，在这种文化环境中，所有的参与者才会感到安全。这一阶段为教师和学生设置了把问题看作形成性评价和反馈的机会，以及将学生对话作为一个起点，加深个人和集体的理解。

师生协同

教师为什么要提问？

课堂上，教师为什么要提问？
（a）检查学生是否知道正确答案。
（b）鼓励学生思考。
（c）检查学生是否在注意听讲。
（d）评估学生是否已经理解并且帮助没有理解的学生。

如果你向学生提出以上问题，要求个人回应，比如通过使用课堂表决器，学生会给出什么回应？你认为他们会怎么回答？向学生提出这个问题是与学生协同创建优质提问课堂的第一步——如果紧随其后使学生融入到讨论中去，就能使学生对课堂提问形成个人理解。

在你分析完学生对这个问题的回应之后，你可能会通过询问类似这样的问题开始讨论："什么使你认为提问的最基本目的是检查你是否知道正确答案？"倾听他们的回答并理解他们的想法。

你可能希望确认学生的想法，了解他们在课堂经验的基础上做出的选择。他们可能认为，经验告诉他们的就是现实。我们希望你与学生在课堂上共同创造一个提问的新目的——你看待问题的新方法就是，对问题的选择应该是，b（鼓励学生思考）和 d（评估学生是否已经理解并且帮助没有理解的学生）。你或许希望将下面的句子框起来并与学生分享，让学生把它作为课堂规范——一个课堂提问的新规范。

利用教师的问题促进思考，而不是猜测教师的答案。

当你谈论课堂规范时，你或许要问学生："什么是思考？当你思考时你在做什么？"倾听他们关于思考的想法，然后询问他们何时和如何去发展理解力。你可以与学生分享两个关于思考的定义：（1）形成个人理解；（2）建立联系。再次要求学生讨论什么是个人意义和建立联系。

与学生交流提问是如何帮助你评估他们的理解力的。这会给你提供机会让你去：（1）告诉学生，你在努力思考并设计问题来评估他们在达到学习目标的过程中所处的学习水平；（2）使他们相信你真的想知道他们对问题的想法——你提问的最终目的不是为了得到正确答案。大多数学生不理解，当他们对答案不确定时不回应，他们就没有为教师提供用来帮助他们学习的一些信息。

顺便说一下，我们询问了上百位教师，学生对上述开放性的问题是如何回答的。毫无疑问，绝大多数小学教师选择了 a——检查学生是否知道正确答案，大多数中学教师选择了 c——检查学生是否在注意听讲。当然，在我们询问的时候，这些教师一致认为他们希望学生会选择 b 或者 d。然后，我们询问教师，为什么学生会这样选——是否曾经与学生讨论

> 过提问的目的以及与学生共同提问。不同寻常的是，我们发现，教师在与学生讨论思考和学习的时候，也谈到了提问的目的。
>
> 　　如果希望我们的问题能够促使学生参与和激励学生思考，我们必须倾听和评价他们对问题的回应。学生对于提问的重要性和目的的认识，首先会影响到他们是否真的能够注意到教师提的问题。所以，我们希望，教师能够与学生讨论提问的原因，让学生通过思考和对问题的诚实回应与你协同参与到优质提问中。这是将课堂转变为学习社区的第一步，在这样的社区中，师生共同思考从对每个问题的每个回应中得到的方法。

　　沃尔夫（Wolf）证实了我们的观点。她认为，教师不应该把学生当作提问的对象，而应该看作一起思考学习内容的主动的主体。她写道：

　　　　关键是，不基于相互信任与尊重的提问是没有价值的。换句话说，如果问题是为了理解而不是得到顺从的答案，我们就不应该把它当作认知干预，而是作为交流的现场。在这里，人们相互成为有意义的认识角色。

（Wolf，2015，pp.178—179）

　　你的学生在多大程度上认为他们在课堂上与伙伴的交流让彼此间的学习内容更有意义？

　　组成"6P框架"的另外五个核心提问实践将会影响学生参与和学习的程度，这要求教师要帮助学生理解优质提问的内容、原因与方法，以及教师和学生角色与责任的变化。

> **思考与讨论** >>>
>
> 先独立思考并回答以下问题，再与同事讨论、合作进行探究。
>
> （1）复习表 1.1 列出的"6P 框架"，这个框架是如何确保你对提问过程的理解的？
>
> （2）这一框架如何拓宽了你对提问的认识？对于个人计划、合作计划与反思，使用这个框架有什么样的潜在价值？

角色与责任的转变

里奇哈特（Ritchhart，2015）区分了任务导向的课堂和学习导向的课堂。在任务导向的课堂上，关注的焦点是为了得到特定的分数而需要完成的任务；在学习导向的课堂上，任务是完成学习目标的手段，表示达成学习目标的形式。任务导向的课堂强调的是获得"正确答案"。大多数学生的问题都是关于任务的（p.44）。在学习导向的课堂上，错误和犯错被认为是学习的机会，教师鼓励学生提出学习中的问题。在任务导向的课堂上，教师总是滔滔不绝，传统的提问在这样的课堂上如鱼得水，活灵活现。在学习导向的课堂上，优质提问不仅蓬勃兴旺，还驱动着教师和学生的学习。表 1.2 总结了教师和学生从传统提问到优质提问的角色与责任的转变。

由于传统提问模式深深地根植于学生关于"正确"上学行为的信念中，完成这种角色和责任的转变，既不简单也不容易。致力于优质提问的教师，不仅要改变自身的提问模式，而且要向学生详细地解释对他们新角色和责任的期望。师生在从以教师为中心、任务为导向的课堂转变成以学习为中心、优质提问课堂的过程中要相互支持。这是师生协同的优质提问核心实践的本质和基本原理。

表 1.2 优质提问课堂上师生角色与责任的转变

传统提问	优质提问
教师问许多问题，大多数问题都属于最低的认知水平。	作为备课的一部分，教师准备有限的几个问题，问题处于回忆水平。
教师问的问题暗示有正确的答案——事先已经想好了答案。	教师问的问题是鼓励学生思考——为了帮助他们取得学习进步而找出所知道的内容。
学生的任务就是回答问题。	学生回应问题，也被鼓励问自己的问题。
教师根据正确性评估学生的答案。	学生对自己和同学的回应进行自我评价。教师利用学生的回应作为形成性反馈来决定下一个教学步骤和提供给学生什么样的反馈。
如果学生回答不出问题，教师就自己给出答案。	教师帮助学生思考以拓展其理解力，提供能够指导学生学习的反馈。
教师总是叫那些自愿者回答问题（比如，举手的学生）。	教师选择回应结构，让所有的学生都有责任回答问题。
学生举手被点名说出答案或主动大声喊出答案——为了回答教师的问题。	学生先自己不出声地回答问题，然后以教师要求的方式做出回应。
教师在提问中保持快节奏。	教师和学生都非常重视"思考时间"，利用在第一个问题之后或者第一个回答之后的短暂时间继续思考。
教师在同一个时间只能和一个学生交流，其他学生被认为是观察者的角色。教师掌控着和谁说话、何时说话以及说多久。	学生可以相互交流，也可以与教师互动。
教师主讲。	教师确定用什么样的结构来帮助学生之间的交流，有意识地在整堂课为学生的对话提供机会。

潜在的影响因素

2009 年，约翰·哈蒂出版了他的标志性著作《可见的学习》(*Visible Learning*)。该书综合了 800 项关于学生成绩研究的元分析。他发现，提问对学生的成绩有正面影响（*d*=0.46），在 138 个可辨识的影响因素中排在第 53 位。[1] 根据哈蒂的分析，这个效果量（effect size）是非常显著的，超过了平均效果量（*d*=0.40）。我们认为，如果该书中的可辨识因素包含提问标准，那么效果量会更高。正如导言中所表明的那样，优质提问包括了哈蒂在《可见的学习》中所辨识的其他高效果量因素，如讨论、反馈、形成性评价、师生关系、元认知策略等，还涉及该书中六个具体提问策略。总之，我们认为，优质提问是有效教学和学习的最基本的要素。

> **什么是效果量？**
>
> 在本书中，我们将与优质提问相关的教学策略（如元认知、形成性评价）的效果量看作一种策略对提高学业成绩的潜在影响大小。效果量是一个统计学术语，意在指明对一组学生实施一种特定的干预导致学生成绩变化的幅度。数据统计采用两种不同的方法确定效果量的大小：（1）比较实验组学生使用某策略，对照组学生不使用某策略的效果；（2）在一段时间内，将一组成员在研究开始时的学业成绩和在研究结束时的学业成绩进行比较。
>
> 效果量 *d* = 0.0 表明干预对学习结果没有产生影响。效果量 *d* = 1.0 规定了接受特定干预的学习者的学业成绩增加了一个标准差。这可以转换成 2～3 年的增益，即学习率提高了 50%，意味着受到教学干预学生的成绩高于对照组 84% 的学生（Hattie, 2009）。
>
> 哈蒂《可见的学习教师手册》（2012）是确定包括在本书中的教学策略的效果量的主要来源之一。我们之所以常常引用这个来源，主要有两个

---

[1] 哈蒂随后出版的书《可见的学习教师手册》（*Visible Learning for Teachers*, 2012）包括了更加广泛的研究基础，综合了 900 项以上对于研究的元分析，结果发现，在影响成绩的 150 个可辨识的影响因素中，提问排在第 53 位，效果量提高到了 *d*=0.48。

> 原因:(1)哈蒂的研究源于超过 900 项对学生成绩研究的元分析,为教育工作者提供了最强大的数据库;(2)哈蒂关注的一个主要问题是,运用形成性评价和反馈使得学习可见的重要性,这是与优质提问的核心实践直接相关的。
>
> 哈蒂的一个主要发现是,几乎所有的教学策略都是有效的!即几乎所有教学策略的效果量都在 $d=0.0$ 以上。然而,并不是所有的教学策略都同样有效。哈蒂将 $d = 0.40$ 作为"铰链点"(hinge point),代表其研究中所有 150 个影响因素的平均效果量。他认为,"将效果量 $d = 0.40$ 作为教学策略干预的有效性标识,有助于理解现实世界的差异"(2009, p.17)。他建议教育者把重点放在达到或超过 $d = 0.40$ 的策略上(2009)。本书中强调的策略超过了这个铰链点。

复习与思考

为什么要倡导优质提问?

主要观点	反思问题
优质提问是一个过程。这个过程由许多相关成分组成,是动态的,所有的学生都要参与其中。	● 在优质提问可辨识的成分中,哪一个是你没有预计到的,为什么? ● 你认为使用什么方法能使优质提问过程中的每一个成分都能够有利于学生的参与?
学生是合作伙伴。离开了学生的参与,教师无法创建一个优质提问的课堂。	● 为什么没有学生的理解和参与很难改变课堂提问实践? ● 使用什么方法能使学生以伙伴的身份参与到学习中?我如何建立这种关系?
少就是多。在课前准备有限的焦点问题能够促使学生思考和学习。	● 为什么在课前准备有限的焦点问题非常重要? ● 要多久准备一次有限的焦点问题?在课前准备问题是我可以接受的做法吗?

续表

主要观点	反思问题
欢迎不正确的回应。学生不正确的回应可以作为教师和学生学习的机会。	● 采用什么方法能够使不正确的回应作为学习的机会？ ● 学生会说我的课堂是"正确答案导向"的课堂吗？为什么会，或者为什么不会？
教师要确保学生回应的机会均等。当所有的学生都有责任回答课堂提问时，传统不参与者的参与度和成绩就会提高。	● 我相信每个学生的回应都是有价值的吗？所有的学生都相信其回答是有价值的吗？ ● 我如何表现出希望所有的学生都使用问题作为呈现他们思考的机会？
学生之间的对话促进学习。学术讨论能够帮助学生建构知识，深化理解。	● 学术讨论是如何支持学生的学习的？ ● 在我的课堂上，教师与学生交谈的比例是多少？我是怎么知道的？
对于实践的反思能够提高表现。对实践进行反思，能够促进学习和提高表现。	● "6P 框架"支持个人和集体对实践进行反思的方法是什么？ ● 我如何找时间反思我的提问实践？ ● 我如何为学生寻找机会，让他们去反思他们是如何使用提问来帮助学习的？
优质提问要求教师和学生承担新的角色和责任。在优质提问的课堂上，教师放弃一些控制，要求学生承担更多的责任。其目标是使学生在学习中成为积极的主体，并且发展他们的自学能力。	● 我如何适应优质提问课堂上的新角色和责任？ ● 我需要做出什么转变以促进课堂上的优质提问？ ● 学生在转变角色和责任时面临的最大挑战是什么？我如何帮助学生实现这一转变？

第二章
准备问题
优质问题的特征是什么？

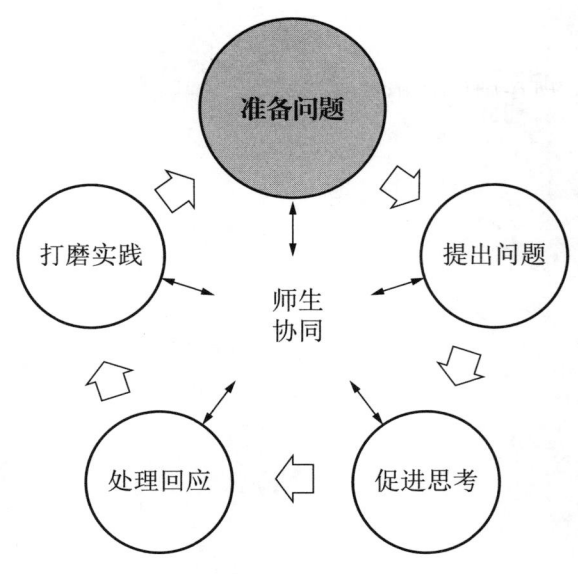

> **焦点问题**
>
> （1）聚焦注意、激发思考以及促成真实学习的优质问题的维度是什么？
> （2）我们如何使用框架和资源创建使所有学生都参与思考和学习的问题？
> （3）我们如何帮助学生理解问题对他们学习的价值？

  我们都渴望更好的答案，但是首先，我们需要学习如何提出正确的问题。

——沃伦·伯杰（Warren Berger），
《一个更漂亮的问题》（A More Beautiful Question，2014，p.9）

  那些认为问题是促进学生积极学习工具的教师，花费时间和精力设计了数量有限的焦点问题，并且把它们作为课程计划的一部分。他们经常与同事合作设计这些问题，对它们在课堂上使用的效果进行合作反思。他们把这些焦点问题看作一节成功课的不可分割的部分，并且努力在日后不断予以完善。

作为二年级的教师，玛格丽特·艾伦（Margaret Allen）在课堂上采用了优质提问实践。现在她已经担任蒙哥马利（阿拉巴马州）公立学校的主管，她始终认为好问题是"学习过程的助推力"，她把形成问题的过程看作强有力的认知过程，并且注意到"设计一个好的问题需要努力、思考、技巧和实践。问题是启动学习开始的机会，也是与先前知识建立联系的机会。孩子们有能力建立这种联系。你所要做的是找到正确的方法帮助他们"。

"有效的问题能够为学生的学习提供帮助，"与我们一起工作的一位教师评论道，"但是，提出这些问题相当困难，它需要我抓住课程标准中的重点。我问自己：什么问题能够引起学生的兴趣，让他们深入思考，掌握将要测试的内容与技能？"这位资深教师在构思问题时，总是会考虑到学生和课程标准。这样做能够使他帮助学生建立与课程的个人联系，同时也能满足教学标准和达成学习目标。[1]

狄龙（Dillon, 1988）长期专注于研究有效提问，他使用"教育性"（educative）一词来描述能够促进学习和思考的问题。狄龙认为，这些问题是有目的、吸引人的和以结果为导向的。这些问题与学习期望一致，能够唤起学生的好奇心，将学生与学习内容联系起来，还可以导向预期的学习结果（Anderson & Krathwohl, 2001；Bloom, 1987）。

我们是用什么样的标准来设计有效的、优质的问题的？在我们看来，这种优质的问题有四个维度：（1）使学生关注与学习目标和教学标准相一致的重要的学习内容；（2）促进一个或者多个仔细定义过的教学目标；（3）帮助学生在合适的认知水平上进行思考；（4）清晰而准确的用词能够使学生明白提问的是什

> 需要付出更多的努力去设计有价值的问题——这些问题能够引出对话，便于教师听到学生建设性的策略。
> （Hattie, 2012, p.75）

---

[1] 本书使用"学习目标"（leaning goal）一词，取代两个更加宽泛的同义词语"学习意图"（learning intention）和"学习标的"（learning target），以此来描述每日课时、单元或项目的目标。学习目标基于课程标准，可用于评估学生的学习并用学生易于理解的语言加以编写。

么。表 2.1 表明了在反思指导中准备优质问题应予考虑的四个维度。本章下面的部分就是按照这四个维度组织的，你和你的团队在准备优质问题时也可以把它们作为工具。

表 2.1 准备优质问题的考虑维度——反思指导

重点内容
- 问题与教学标准有关吗？
- 问题中的主要观念对学生的思考和学习来说很重要吗？
- 学生会将问题与其背景知识和经验联系起来吗？
- 问题是否具有挑战性，也就是，落在学生的最近发展区内吗？
- 你能够修订问题以改善和强化它与内容的联系吗？

教学目标
- 你希望问题将会促进什么样的教学目标？
- 有可能完成这一教学目标吗？
- 问题能够用什么方法促进学生的学习？
- 问题能够完成其他教学目标吗？如果能，是什么教学目标？

认知水平
- 问题的认知水平是处于还是超越了教学标准和学习目标所要求的认知要求？
- 为了得到一个可以接受的回答，学生需要超越回忆水平进行思考吗？
- 你可以通过改变动词或者重新思考认知需求而提升问题的认知水平吗？

措辞和语法
- 问题对学生来说很清楚吗？
- 你的用词简单易懂吗？
- 问题里包括你教过学生的"思考"动词吗？
- 问题融入了相关的学术词汇吗？

优质问题能把学生与内容联系起来

如果问题是上课的驱动力，那么它们必须与教学标准和学生学习目标相一致。另外，问题必须满足学生在学术上或个性化的需求。如果这些问题能增进学生的学习，那么这些问题就必须超越学生的表层知识，引发学生的复杂思考和深度学习。

存在着各种各样的原因会使关于重点内容的决策面临着一定的困难。第一，即使每个州都建立了严格的州标准，但美国学校课程的范围和广度仍然很广泛。因此，教师要了解哪一个标准最重要，以及怎样把多套标准融入到自己的课程里。比如，已经采用了《共同核心州立标准》的每个州的数学教师，被要求将数学实践标准与内容标准结合起来。同时，其他内容领域的教师也被要求发展学生的读写能力。这个要求比较难。

第二，学生关于某一主题的背景知识，即使在单一课堂上的变化也非常大。教师要在脑海中日复一日地思考这个问题。纳托尔（Nuthall，2007）对此做了研究：

> 平均50%的学生知道教师将要教什么……但是这个50%并不是均衡分配的。不同的学生知道不同的事情，所有的学生只知道教师想让他们知道的15%。

实际上，她得出的结论是，在任何时候都是这样的：

> 约20%的学生已经知道了教师要教什么，约50%的学生只知道部分内容，还有约20%的学生对于教师要讲的主题一无所知。
>
> （Nuthall，2007，pp.35—36）

这就解释了为什么教师不能从互联网上或者国家课程指导中采用现成的问题。每一个教师都应知道学生准备新课或新单元的情况。每一个单元或每一课的问题都应该精心设计以使绝大多数学生都能参与进来，同时，在特定的课堂上，要考虑到学生广泛的先前知识。

第三，课堂上的学生的文化背景和经历不同。这种多样性要求教师设计的问题能够得到所有学生深思熟虑和积极的回答。比如，一位数学教师考

> 如果问题能够引发积极的探寻而不是提供信息，那么它们就提供了交流的机会。如果提问者和回答者在情感、社交、艺术和智力方面能够融为一体，那么这些问题就是有价值的。
>
> （Wolf，2015，pp.178—179）

虑特殊班级的学生是否会对运动和音乐的应用进行回应。一位美国历史教师需要设计有关"切罗基印第安人的血泪之路"（Cherokees' Trail of Tears）的问题，以激发起美国印第安学生的荣誉感。师生协同包括了解学生的兴趣和背景，如此我们才能够设计出个性化、与个人情绪相联系的问题，并避免唤起学生的负面情绪反应而降低学习效果的问题。

知识的维度

通过聚焦特定知识的维度——事实的、概念的、程序的和元认知的（如表 2.2 所示），优质问题把学生与内容联系起来。教学标准和学习目标将会决定是哪个维度依次影响到问题的复杂性和形式。四个维度在问题中的分配取决于学科和内容，特别是特定的标准以及学生处于学习周期的哪一个阶段。

表 2.2　知识的维度

维度	举例
事实性知识。这种知识是概念理解发展的基石，是表层知识的重要内容（如同程序性知识），也是深度知识（包括概念理解和思维模式或思维图式）发展的基础。	● 词汇或术语，比如，算法、假设、流畅、国会大厦。 ● 具体的细节或事实，比如，日期、地点、人物。 ● 命题，比如，哺乳动物是热血动物，分数是小数和百分数的另外一种表达方式。
概念性知识。这种知识来自在组织观点时两个事实或者多个事实之间联系的建立（Marzano & Kendall，2008）。概念性知识也意味着对因果关系的理解（Byrnes，2008）。	● 类别、分类和体系，比如，古典音乐、民主政府、植物分类、文学体裁等。 ● 原理与概述，比如，议会体系的原则或者建构主义学习的原则、健康饮食概述、中世纪艺术概述、启蒙哲学概述。

续表

维度	举例
程序性知识。这种知识与如何做事有关，通常具体到某一学科或领域（Byrnes，2008）。它将事情分成几个步骤来完成，不仅要知道每一步的过程，而且要知道如何使用某一步骤。	● 具体学科技能，比如，数学计算、阅读理解、投篮、混合水彩色技能。 ● 具体学科的方法或者步骤，比如，化学实验室的滴定法、外语文本翻译、文学中的批判性分析。
元认知知识。这种知识通常是指理解思维是如何发生的，特别是指理解个人的思维是如何发生的。这包括策略知识、任务知识和自我知识（Anderson & Krathwohl，2001）。元认知通常与个人的能力有关，它包括"理解、监督、评价和调节这些过程的能力"（Buoncristiani & Buoncristiani，2012，p.25）。	● 学习策略，包括复述策略、详细阐述策略、组织策略、记笔记策略和问题解决策略等。 ● 自我知识，包括对自我优点和学习偏好的认识以及在自我评价基础上把握自己处于学习过程的具体位置。

表 2.2 中的四个维度符合布卢姆目标分类（Bloom Taxonomy）的知识维度（Anderson & Krathwohl，2001），也符合思维和学习领域中其他思想领导者建议的观点（Byrnes，2008；Marzano & Simms，2014）。我们强调这四个维度不仅是因为它们会影响到问题的结构和复杂度，还是因为这四个维度在所有学科中扮演着重要角色。在设计整个单元的焦点问题时，我们都要考虑是否遗漏了某个维度。

教师可能会问：事实性问题、概念性问题和程序性问题，其理想的比率是多少？将元认知问题融入到课程中的频率是怎样的？实际上，这没有固定的公式。变量是你的学生和学习内容，目标是支持学生深度知识的发展，这会导致创建图式或者思维模式帮助知识迁移或者是产生未来的学习。为了发展、修改和扩展这些图式，我们需要：（1）事实性知识或者是浅层知识；（2）概念性知识，关于事实之间关系和其他相对独立知识之间关系的深度理解（Bransford，Brown，& Cocking，2000；Byrnes，2008；Hattie，2009）。美国国家研究委员会报告的认知科学家的三大发现之一，可以概括成如下重要原则：

为了发展在探寻领域的竞争力，学生必须：（1）有深厚的事实性知识基础；（2）理解概念框架下的事实和观念；（3）以便于检索和应用的方式组织知识。

（Bransford et al.，2000，p.16）

哈蒂强调了浅层知识和深度知识之间关系的重要性：

要正确平衡两者之间的关系，你需要从浅层达到深度，你需要有浅层知识和深度知识以及在上下文中或者一组主要知识中的理解力。

（Hattie，2009，p.29）

布兰斯福德等人认为，在学习的三个主要原则之外，还需要强调元认知知识的重要性："元认知的教学方法通过制订学习目标并监控学生达到学习目标的过程，帮助学生控制自己的学习。"（Bransford et al.，2000，p.18）我们接触到的

> 深度问题能够帮助学生保持好奇心，不断增加其解决问题的资源以及成为主动的意义发现者。
>
> （Kohn，2015，p.18）

大多数学生都缺乏大量的元认知知识。获得元认知知识并不是人天生具有的能力。但是，哈蒂（Hattie，2012）报告了使用元认知策略有很大作用，其效果量 d=0.69，在 150 个可辨识的学生成绩影响因素中排名第 14 位，这是他综合了 900 项以上对学生成绩研究的元分析后得出的结论。教师在提问中结合元认知策略，能够帮助学生发展这个重要的知识维度。

没有"正确的"焦点问题

如何设计焦点问题上好一堂课，让学生参与进来，一直困扰着教师。问题设计者使用哪个问题能够促进学生的思考，真是众说纷纭。实际上，不存在"正确的"焦点问题。

教师决定焦点问题或者重点内容的方法之一是协同准备。多角度考虑问题能够促使更多的选择；合作对话则打通了做出深思熟虑决策的道路。一个很好的例子是，我们与教师的合作研究。在准备优质问题的专业发展阶段，我们有时候会要求教师读一段来自经典儿童故事《夏洛的网》(*Charlotte's Web*)的文章。文章的重点是一个农场的小女孩在父亲的允许下将遗弃的小猪作为宠物的故事。

小组参与者通过讨论选择一个重点内容作为讨论的问题，并确定为什么选择这个内容作为重点。产生的话题是多种多样的：责任的概念，农场动物生态，角色、责任及家庭成员之间的关系，天生的行为与习得的行为，宠物在社会中的作用，照顾他人等。参与者都对有这么多样化的观点感到非常惊奇，并且一致认为没有"最好"的焦点问题。

每一组选择的重点内容与提供的标准是一致的，并且能够促进学生的思考与参与。每组都关注概念性知识的发展，每组选择焦点问题的基本原则都是令人信服的。参与者必须注意，选择的区别就在于他们的背景（城市还是乡村）不同、讲授的年级不同和是否读过这本书，也就是，背景很重要。从这个活动中，我们可以看到，针对某一课或文本的所谓"正确的"问题是不存在的。不同的观点丰富了对话的内容，帮助参与者做出了其中哪个焦点问题是"物有所值"的——这是通过陈述有力的标准和促进学生思考的能力做出的。

有用的框架

什么样的工具可以帮助教师确定优先考虑的重点内容？在《通过教学设计促进理解》(*Understanding by Design*)一书中，格兰特·威金斯（Grant Wiggins）和杰伊·麦克泰格（Jay McTighe）介绍了一种思考"什么值得教"的模型。他们提出了一种他们称为"逆向设计过程"（backward design process）的观点，这个过程包括三个阶段：（1）明确预期结果——你想让学生知道、理解和能够做什么；（2）确定评估学生学习的证据；（3）计划学习过程和相应的教学。

图 2.1　UbD 课程内容优选图

（来源：经威金斯和麦克泰格准许复制，Wiggins & McTighe, 1998, p.10）

我们先来看第一阶段：明确预期结果。威金斯和麦克泰格展现了一个有用的框架（如图 2.1 所示），"一般来说，内容总是比能合理讲解的多"，那么这个框架就是要教师在确定课程的重点时在头脑中牢记最终结果。他们的这个框架可以看作鸟巢似的三个圆形，每个圆形代表一类不同的知识。最外一层是"需要熟悉的知识"，因为这是共同文化背景的一部分，所以教师要展现这一知识。E. D. 赫什（E. D. Hirsh）在《文化素养》（*Cultural Literacy*，1988）一书中给出了这类知识的案例。

第二个知识圆形镶嵌在第一个圆形里面，表示"需要掌握的知识与技能"。这包括学生成功实现关键目标所需要的先决知识（事实、概念、原理）和技能（程序、过程）（Wiggins & McTighe, 1998, p.70）。学生为达到教学标准需要掌握这部分内容。在标准化测试或评估中，成绩要达到熟练水平。更重要的是，在社会中生存立足需要这些本领。焦点问题就是来自这个圆形。

最里面的圆形，是"逆向设计"框架的核心，代表"永久理解的知识"，这是课程或单元的基础。这些都是我们希望学生在忘记许多细节后仍能长久记忆的重要观点和理解。这种知识是在学生把个人经验和兴趣与环境和内容知识联系在一起后才能够被长久记忆的。当学生花费时间通过焦点问题钻研学习框架时，他们面临的基本问题是发展"永久理解"。

使用威金斯和麦克泰格的图式，教师能够形成基本问题和支持与教学标准一致的焦点问题，还能够帮助学生建立跨学科或内容领域的有意义的联系。这个图式提供了在设计基本问题时要考虑的三个要素：（1）选择值得讨论的"大观点"；（2）确保它与学生参与测试的州标准相关；（3）与学生的兴趣和需求有关。

另外一个对问题的重点内容选择有帮助的框架来自克里森伯里和凯利的研究（Christenbury & Kelly，1983）。他们的"提问维恩图"关注的是"题材"（主题领域的知识）、"个人现实"（学生的个人经验知识）和"外在现实"（其他内容领域和外在世界的知识）之间的关系。阅读专家把这个"提问维恩图"分为文本、读者和世界。我们把这些领域称为"主题领域知识""个人（经验）知识"和"其他主题或资源知识"。

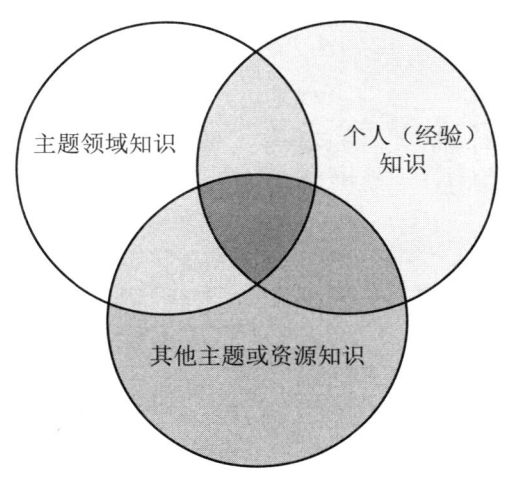

图 2.2　提问维恩图

（来源：改编自 Christenbury & Kelly，1983）

图 2.2 的维恩图（Venn diagram）表明教师的问题可以属于七个领域，其

中四个领域要求学生在不同方面的知识之间建立联系。克里森伯里和凯利认为，教师使用的焦点问题应该适应所有七个领域。但是，他们认为，维恩图中的三个圆形交叉处是最有力的"密集"问题：学习主题、学校外的个人生活和其他资源（包括其他主题领域和真实世界的资源）。三种类型的问题（单一领域问题、重叠领域问题、密集领域问题）请参见表2.3。

表2.3　提问维恩图（样例）

举例
　　安尼塔·德克（Anita Deck），科学专家，德克创新集团总裁。他提供了在中学科学课堂上使用的问题。该课的目的是介绍环境科学单元。一开始的任务是阅读苏斯博士（Dr.Seuss）的《罗拉克斯》(The Lorax)。

单一领域问题
- 主题：在文斯勒到达之后，罗克拉斯的世界发生了什么问题？
- 个人知识：以牺牲人类需求为代价，在什么情况下你支持立法保护环境？
- 其他主题：破坏树木对环境产生了什么影响（特别是对动物和鸟类的影响）？

重叠领域问题（两个领域重叠）
- 主题/个人知识：如果你有唯一一颗真心树（Truffula）的种子，你会做什么？
- 个人知识/其他主题：如何平衡你对木制品的需求和保护森林的需要？
- 主题/其他主题：根据对当今地球环境的预测，"真心村"的命运将会如何？

密集领域问题（三个领域交叉）
- 主题/个人知识/其他主题："可持续发展"是指在不减少人们满足将来需求能力的情况下来满足当今的需求。人类的许多活动都像文斯勒的商业一样是短期（大概只有几年）的规划。为什么需要实施可持续发展？

师生协同

我们如何把新知识与已有的经验联系起来？

学生是否知道当我们把新信息与已有的知识或者经验相联系时，就是在学习？学生是否知道当我们赋予新信息个人的理解时，就是在学习？建立联系和做出个人理解是两个被广泛接受的有关思考的定义。如果学生在学习时能够成为教师的合作伙伴，他们需要知道思考及其与学习的关系。如果教师打算与学生成为合作者，需要对他们有充分的了解以便设计能够使学生将新知识与先前的知识或经验联系起来的问题和提示，让学生使用他们在学校内或学校外构建的思维模式或图式，通过思考从一门课中学到的知识与自身的关系而做出个人的理解。

我们如何才能使学生思考这些问题呢？一种可能方式是，灵活使用提问维恩图中的各要素，吸引学生思考和给教师提供信息用来进行个性化提问，以便学生能够更好地与新学习的内容建立联系并做出个人理解。

当学生思考并准备回答问题时，如果教师跟他们谈论建立联系的价值，那会怎么样？如果教师把提问维恩图纳入对话——每一个圆环的问题措辞都适合学生的年龄和发展水平，那会怎么样？你可能首先展示三个圆的交叉部分，并且标记着名称：(1) 这个主题，(2) 其他主题，(3) 你。其次，你会展示每个圆圈里的问题，正如图 2.3 所示。

要求学生独自回答所有七个问题（这个活动可以在几天内完成）。在所有学生完成回答后，要让他们与"思考伙伴"（由你指定的伙伴）分享。要求思考伙伴互相提问以确信理解了彼此的回答并提供反馈。同伴分享后，给学生时间复习并在活页纸的半页上创造自己的维恩图，之后你可以把维恩图张贴在教室合适的位置。

另外，你要绘制一张包含学生兴趣和"最喜欢主题"的网格图，以此作为全年设计问题的资源。例如，在数学课上对某些学生使用体育项目，而对其他学生使用购物体验；在一些课上，对某些学生用音乐来比喻，对另外的学生则用动物来比喻。

从这个活动中得到的信息能帮助你更好地了解每一个学生。活动本身可以帮助学生建立元认知意识。

了解每一个学生并与他们在不同层次上建立关系，这很重要。这里，我们强调了解学生的重要性，这是为了帮助他们把新知识与自身的兴趣和优势联系起来。

这个活动能够在相互信任和尊重的基础上建立课堂社区文化。这种文化对学生远离正确答案导向的课堂非常重要。

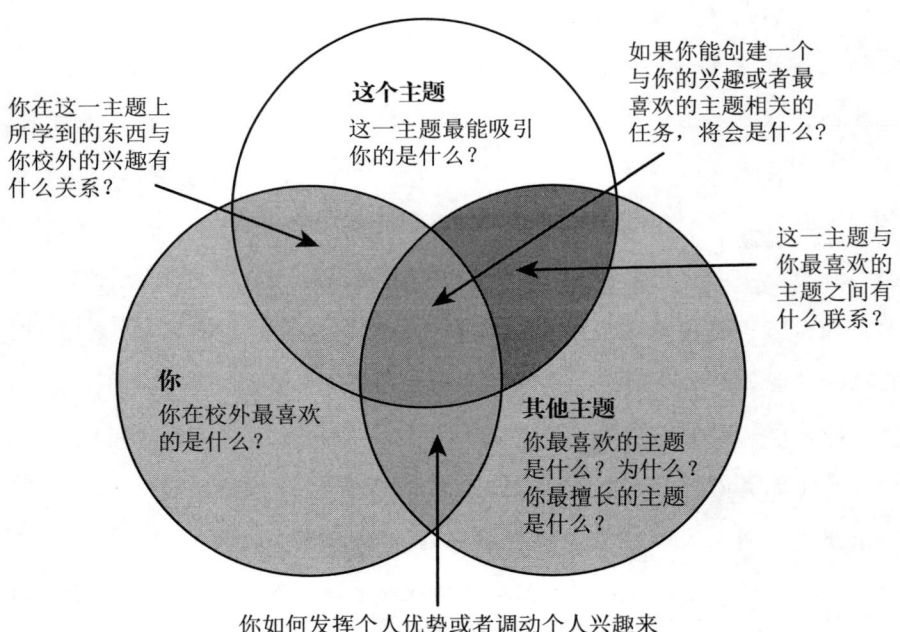

图 2.3　将学生纳入课堂

优质问题是有目的的

提问的目的取决于学生处于哪个学习阶段。是站在跳板上摆好姿势准备跳水学习新内容和技巧,是还在浅水中练习划水和踢水,正如他们关注的焦点是学习基本事实、概念或程序,是在练习不同的划水和踢水技巧,强化基础知识,正如他们将之与先前的学习和经验建立联系,还是在使用多种划水技巧,从事深度学习以使他们建立支持迁移学习和未来学习的心理图式?提问的目的可以用多种方式进行划分,我们区分了六个提问目的并且将不同类型的问题彼此关联,参见表 2.4。

表 2.4 教学目标与相关问题类型

	设置学习阶段	
教学目标	问题类型	举例
支持发展永久的深度理解、概括性概念	基本问题	● 自由的限制是什么? ● 多样化是如何丰富我们的生活的?
激励学生与学习建立联系并参与到学习中	诱导性问题	● 如果可以成为昆虫,你想成为哪一种? ● 想象你是火星最早的移民,那么你需要什么样的技能以帮助你在火星上建立社区?
激活已有的概念(认识)和其他知识	激活旧知的问题	● 我们所在的地区有四个季节。赤道附近的地区没有这样的季节变化。对此你是如何理解的?赤道附近的地区为什么没有季节变化? ● 在一段时间内,美国试图向发展中国家"输出民主"。在这些国家,是什么阻碍了政府发展民主?
评价当前的技能和知识水平	诊断性问题	● 阅读投影屏幕上的两句话。在白板上写下句子中出现的说话方式。对于每种方式,举几个例子。 ● 如何确定我校足球场的面积?

续表

	建立基础知识	
教学目标	问题类型	举例
让学生聚焦重要的事实、概念和程序	细节性问题	● 哺乳动物区别于其他动物的不同特点是什么？ ● 用什么公式计算圆的面积？
为学生提供机会做出个人理解	解释性问题	● 在哈珀·李（Harper Lee）的《杀死一只知更鸟》（To Kill a Mockingbird）一书中，哪个角色最容易被遗忘？请解释你的选择。 ● 为什么你认为在第二次世界大战的珍珠港事件之前，罗斯福总统让美国保持中立？
鼓励学生对基本事实、概念或程序进行解释或说明理由	详细阐述的问题	● 你陈述了美国在第二次世界大战早期没有准备好参战。当你说"没有准备好"时，你的意思是什么？ ● 你认为可以用加法或者乘法解决这个问题。你选择了什么策略？为什么？
促进细节之间关系的发展	推理性问题	● 在美国独立战争期间，是什么促使一些殖民者对英国保持忠诚？ ● 为了健康，你要如何改变饮食？
	检查理解	
教学目标	问题类型	举例
依据学习目标评估学生的进步	铰链问题或策略性问题	● 你会使用什么计算方法测算篮球运动员的平均投篮命中率？ ● 为什么蜘蛛不是昆虫？
了解学生思考背后的错误想法	探索性问题	● 你是否认为人"天生就聪明"？请说出你的理由。 ● 以前你认为两数相乘的结果比这两个数要大。在什么情况下，这种想法是错误的？

续表

帮助学生理解文本		
教学目标	问题类型	举例
帮助学生确定主要观点和细节；理解文本的结构和意义以及作者的写作技巧；整合在文本中发现的知识与观点	基于文本的问题，从细节性问题到拓展性问题	● 葛底斯堡演说的开头部分对你意味着什么？ ● 如果哈珀·李选择了阿蒂克斯，而不是斯库特来讲述她的故事会怎么样？它会如何影响到作为读者的你？ ● 作者是如何使用比喻来表达情绪的？ ● 在阅读的三本小说中，哪一本你还想再读一遍？为什么？
加深与强化学习		
教学目标	问题类型	举例
促进多种概念之间的相关性、联系和关系的发展	相关性问题	● 关于美国总统你知道什么？你认为林肯会跟20世纪的哪位总统共进晚餐？确定两位总统的信仰、个人性格和政治决策，使之可以更深入地交谈。 ● 想象你在一个生物学家团队里负责确定哪个物种会在2050年濒临灭绝。当你从事这个项目的时候，你会考虑什么因素？
促进扩展的抽象思考	拓展性问题	● 你认为林肯可能选择罗斯福作为他共进晚餐的伙伴，因为罗斯福跟他一样在国家卷入战争时成立了政治同盟。在这两个人中，你认为谁在这方面面临更大的挑战？为什么？或者林肯和罗斯福在进行晚餐对话时，他们彼此会介绍什么？
要求学生把知识应用到新的背景中	迁移性问题	● 本周我们学会了如何计算各种几何图形的面积。你的作业就是分辨出你家里的三个不同的几何图形，测量它们的尺寸，并计算它们的面积。明天将结果带到学校来。

续表

促进元认知思考		
教学目标	问题类型	举例
鼓励学生反思他们得到结论使用的策略	反思性问题	● 你表示是马修的解释使你改变了想法。那么具体是什么影响了你的想法？ ● 你对该辩论命题的防守非常令人信服——玛丽也是。你们两人使用了非常不同的论证方法。我想听你说明一下你是怎么做到的。
使学生思考他们在学习和思考上的个人投入	自我评价性问题	● 如果评估中有你错过的问题，那么你认为你应该努力发展什么特别的技能？ ● 你在本班中的优势是什么？当考虑掌握新的学习目标时，你如何使用这些优势？

设置学习阶段

提问的第一个目的是"设置学习阶段"。四个基本类型的问题，每一种都以各自的方式引导学生进入新单元的学习：基本问题、诱导性问题、激活旧知的问题和诊断性问题。以下将分别陈述。

基本问题（Essential Questions）

请再看一下图2.1所示的威金斯和麦克泰格描述的"什么值得教"的模型。最内一圈的标签是"永久理解的知识"，是基本问题的区域，鼓励学生对重要问题进行长久的思考并与正在学习的知识建立联系。威金斯和麦克泰格认为，基本问题有七个特点：

● 开放式答案。也就是说，它没有单一的、最终的和正确的答案。
● 激发思考，运用理智参与其中。它经常激起讨论和辩论。
● 要求高阶思考，比如分析、推论、评价和预测。仅靠记忆是不能有效地回答问题的。

- 在学科内（有时跨学科）重要的、可迁移的观点。
- 提出更多的问题，激发进一步的探究。
- 需要支持和合理的解释，而不仅仅是给出答案。
- 适时重现。也就是说，随着时间的推移，它会多次反复出现。

（McTighe & Wiggins，2015，p.3）

你可以在表2.4中看到基本问题的例子。有时，在跨年级的团队里，教师可以创造出跨年级的问题；有时，在同年级的团队里，教师能够对统一学习内容的基本问题达成一致。对教师来说，在一年的时间里采用全校范围内的基本问题，这是很常见的。虽然，没有一个正确的方法了解基本问题和永久问题的构建，但是，我们相信合作是最好的完成方式。基本问题的网站为那些希望进一步了解此类问题的教师准备了丰富的资源。

> 基本问题促进探究、讨论和反思，帮助学习者发现学习的意义、达到深度思考和提高学习的质量。
> （Wiggins & Wilbur，2015，p.11）。

诱导性问题（Hook Questions）

与开始学习一个单元相关的第二个问题类型是诱导性问题。这种问题能激发学生的好奇心或兴趣，正如其名字所示，"诱导"（hook）学生或者激励学生的内部学习动机。诱导性问题能够让学生的好奇心与新学习内容产生交互作用。

激活旧知的问题（Questions to Activate Preconceptions）

基本问题把学生的学习与更广泛的概念联系起来，诱导性问题寻求学生的参与，而激活旧知的问题的任务是使学生显露出已有的认识、之前的学习和经验。它有三个基本目的：(1) 使学生的新旧知识建立联系；(2) 给教师提供信息帮助他们依据学生已有的知识开展教学，这一点或许是最重要的；(3) 厘清干扰学生学习的错误概念。认知科学家的第三个重要发现为关注这种类型的问题提供了理论基础：

> 学生是带着世界如何运转的已有认识来到教室的。如果学生的初始理解没有参与其中，那么他们很难掌握新的概念和知识；或者学习的目的是为了考试，出了教室就忘记了所学内容，重新恢复到原先的认识状态。
>
> （Bransford et al.，2000，p.15）

学生来到教室时并不是一块白板，每个人都带着理解的或者误解的知识来到教室。在科学课上，这些知识可能包括重力或者季节变化的概念；在人文课上，这些知识可能包括刻板印象、种族偏见或者过度片面化；在数学课上，这些知识可能包括相信乘法的结果一定大于相乘的两个数，这就为理解小数的乘法运算造成了障碍。无论多么幼稚的理解，一个设计良好的问题能够激发学生已有的知识和经验，教师利用此问题能够提高学生学习的速度。

诊断性问题（Diagnostic Questions）

这种问题与已有的知识类似，然而，"诊断"的意思就是对技能和事实的评估，预测学生的现有知识或者技能水平，以用来判断他们学习的准备状态。诊断性问题通常使用书面的形式获取每个学生的个人数据。技术反馈系统（见第三章）能使教师在课堂上实时获得数据。

建立基础知识

在建立基础知识时，问题是"工作母机"（workhorse）。教师的问题强调和让学生关注细节信息，这些信息能帮助理解概念和观点。基础知识包括事实、概念和程序。

马扎诺和西姆斯（Marzano & Simms，2014）倡导使用问题序列帮助学生建立知识。他们把四种问题与建立知识联系起来：（1）关于细节的问题；（2）关于分类的问题；（3）要求学生详细描述先前答案的问题；（4）要求学生对详细描述提供证据的问题（p.13）。在《课堂提问序列》(*Questioning Sequences in the Classroom*)一书中，马扎诺和西姆斯对每一种问题类型都提供了丰富的案例。他们对于观察和细节重要性的思考，提供了在提问阶段如何选择和设计问题的洞见。

检查理解

如果你问同事提问最重要的目的是什么，"检查理解"可能排在第一位。如果你问"请具体说说检查理解是什么意思"，你可能会得到各种各样的答案，包括"确认是否知道事实""是否真的理解了""能用自己的语言向我解释"等。

"检查理解"对我们来说有具体的含义。虽然没有事实知识的基础，学生不可能理解，但是，检查理解不仅仅是判断学生是否知道事实。"检查理解"的问题是依据确定的学习目标衡量学生进步的问题。这类问题促使学生在简单回忆水平之上思考。正如威廉（Wiliam，2011）所说，"在断定学生理解之前，教师了解他们的思考是最基本的"（p.75）。他提倡使用问题检查学生对每一课关键点（juncture）的理解，他把这种问题称作"铰链问题"（hinge / hingepoint question），认为这些问题能帮助教师判断是继续教学下一个内容还是重新教学。威廉论证到，教师需要在每一课找出一两个关键点，然后停止讲授，提出这类问题。伯杰等人（Berger，Rugen，& Woodfin，2014）把这些问题称为"策略性问题"。威廉和莱希（Wiliam & Leahy，2015）一致认为，这些问题应该在课前计划好，依据学习目标设计以评估学生的进步，为教师提供形成性反馈以便做出关于下个教学步骤的决策，了解学生出现错误思考背后的认知根源。

威廉提供了设计铰链问题的两种指导方针：所有学生都应该在2分钟内对问题有所回应；教师应该在30秒内观察并分析学生的反应。这个建议的意义是，要求全体学生都要有所回应，但是，这在现在的课堂上并不多见。另外，在上课期间，教师应实时提出、回答和评估威廉所谓的铰链问题。它们可以使教师立即做出调整。这需要某种"全回应系统"（all response system）的帮助，无论是传统的白板还是新的技术系统，比如"Quizizz"（一种形成性评价工具）和"Kahoot!"（一个基于游戏的教学管理系统）。第三章深入讨论了如何为这种类型的提问选择合适的回应系统。

仅仅计算出正确和不正确的回应数量是不够的。教师需要帮助回答错误的学生思考和拓宽回答正确学生的思路。此处正适合探索性问题。参与哈佛大学"零点项目"的里奇哈特等人（Ritchhart, Church, & Morrison, 2011）推荐使用"你这样说的理由是什么？"（What makes you say that?），作为探索性问题来帮助学生思考和澄清他们的回答（p.34）。基于他们关于课堂的研究，相比于常用的一个词"为什么"，这样一个简单的疑问因更没有威胁性而更有效。另外一个使用的标准提示是"让我知道你的想法"（Help me get behind your thinking）。第四章会详细探讨这个问题，即如何设计帮助学生思考的问题和提示。

帮助学生理解文本

提问的一个特定目的是，强调学生根据《共同核心州立标准》和其他新的州标准的规定理解和使用文本的能力。基于文本的问题要求学生参考文本形成他们的回答，这些问题涵盖一系列标准，包括主要观点和细节，写作技巧和结构，知识与观点的整合。这个问题的目标至少在某种程度上与其他问题的目标有交叉（比如，检查理解的问题），我们之所以将它们分开，是因为它独特的要求和在当今这个时代强调发展学生技能所需。

很多在线网站提供了帮助教师形成和提炼基于文本问题的资源，比如"达成共同核心州立标准"（Achieve the Core）网站，一个致力于支持教师通过研究和实践资料实施新课程标准的组织。你可以在这个组织的网站上发现对基于文本问题有用的指导和很好的案例。该网站提供了对基于文本问题的目标的洞见并建议教师促使学生做如下事情：

- 在分析每个词语的基础上分析句子，在分析每个句子的基础上分析段落，以此来判断词语、短语、句子和段落所扮演的角色。
- 研究改变关键词是如何导致改变意思的，以及为什么作者选择这个词而不是其他词。
- 研究议论文的每个论点、说明文的每个观点、文学文本的每个关键细节，观察这些内容是如何构建整篇文章的。
- 考察论点或解释方向的改变以及这些改变造成的影响。
- 了解作者为什么这样选择开头和结尾。
- 记下和评估写作模式及其取得的效果。
- 考虑文本留下的不确定和未陈述的内容。

这些目标与费希尔等人（Fisher, Frey, Anderson, & Thayre, 2014）提出的观点有关。他们提出，可以通过以下四阶段方法创造基于文本的问题：

- 阶段一：文本写了什么？
- 阶段二：文本是如何组织的？
- 阶段三：文本的意思是什么？
- 阶段四：文本能激励你做什么？

（pp.15—17）

在《基于文本的问题：真正的、批判性阅读之路》（*Text-Dependent Questions: Pathways to Close and Critical Reading*）（有 K—5 和 6—12 两个版本）一书中，几位作者详细阐述了四个阶段并为各个年级提供了具体的、友好的教师指导和案例。

加深与强化学习

前面我们区分了表层知识和深度知识。教学的目的是让学生进入到深度知识的学习领域。哈蒂（Hattie，2009）要求在表层知识和深度知识之间有个"正确的平衡"。如果要提高学生的理解力使他们把学习迁移到新情境中去，那么，表层知识是必须的，但还不够。表层知识和深度知识都需要教师制订计划以帮助学生迁移到新的学习中去。

比格斯（Biggs）和科利斯（Collis）（Hattie，2012）创建的SOLO分类是一个非常有用的建立深度知识的工具。该模式分辨了两种深度知识水平：相关抽象水平和拓展抽象水平。

相关性问题（Correlational Questions）

这要求学生创建新学习的概念和已有概念或理解之间的关系或者联系。这个过程有利于学生更加灵活地思考，帮助学生将知识组织进长时记忆中。答案为开放的相关性问题能够使学生进行分析、评价或创造性思维。前面讨论的克里森伯里和凯利的提问维恩图是创建相关性问题的一个很好的工具。

拓展性问题（Extension Questions）

拓展性问题的目的是帮助学生进入到更加开放和抽象的思维世界。它们要求学生处于思想的世界，想象并好奇："是否该这样？"及"怎么可能？"。

促进元认知思考

元认知被认为是知识的一个重要维度。学生对自己思考和学习的认识能够使他们成为"自己学习的领导者"（Berger，2014）。元认知知识来自直接的教学，当学生有机会回答反思性问题时，就能学习拥有和使用这种知识。教师在下课前的提问要使学生关注自己的思考和学习。我们不能假设学生会自己思考他们的思考和学习，我们必须让他们这样做。

最后的考虑：情境

与提问目的有关的另一个因素是提问所处的情境。两个传统的课堂提问情境是详述和讨论。详述通常是采用"发起—回应—评价"（initiation-response-evaluation，简称 IRE）结构，每一个环节教师都参与其中。教师向一个学生提问，学生回答，进而教师对学生的回答根据正确答案进行评价（Mehan，1979a）。对 IRE 的广泛批评之一是，它限制了学生的话语，因此限制了学生通过与同学和教师的互动做出自己的理解。我们认为，如果使用其他结构而不是 IRE 结构，详述会更加有效。在下一章，我们会探讨在详述时使用合作回应方式的价值。而且，我们将修改 IRE 结构，要求学生详细阐述他们对问题的回答或同伴的回答。

另外，"讨论"很少在课堂上出现。在过去 40 年中，研究人员发现，课堂上的讨论时间大约占整堂课的 3% ~ 8%（Dillon，1994；Goodlad，1984；Hattie & Yates，2014；Kamil，Borman，Dole，Kral，Salinger，& Torgesen，2008）。在真正的讨论中，教师会提问一个简单的、激励性的、有开放性答案的问题，或者提问旨在澄清的问题。教师确保每个学生都有机会回答问题，学生为他们的回答提供证据并持续讨论一个话题。学生不必等到教师的允许就能发言，他们也不依靠教师的评价，他们只专注于与同学对话、仔细聆听同学的发言并进行自我评价（Walsh & Sattes，2015b）。

这两种课堂互动的基本区别是什么呢？最根本的区别是教师说话与学生发言的比率不一样。哈蒂（Hattie，2012）根据他对其他研究的评论和整合认为，"教师平均说话的时间占 70% ~ 80%"，而且，百分比"还随着年级的升高和课堂人数的下降在上升"（p.72）。哈蒂参考哈德曼等人（Hardman，Smith，& Wall，2003）的研究说道，"在 70% 的时间内，教师的提问通常会引出学生不超过 3 个单词或者不多于 5 秒钟的回应。"（p.72）哈蒂的发现并不让我们吃惊：课堂上的讨论对学生成绩产生了很强的效果（d=0.82），在 150 个影响因素中排名第 7 位。

正如你想象的，教师在这两个情境中的提问有着不同的目的。很多教师在"详述"的情境中提问是基于以下几个原因：在测试前进行复习；判断学生是否阅读和理解了文章；检查学生完成和理解作业的情况；评价学生在教学前、教学中或教学后对主题的了解；提示学生重点内容；请学生发言（特别是在合作小组中）；提供操练和练习的机会，让学生学会自动回应。以上讨论的提问的三个目标——建立基础知识、检查理解和帮助学生理解文本可见表2.4。

教师会出于不同的原因设计讨论。提出促进讨论的问题是基于以下目的：鼓励学生聆听和尊重多样化的观点；帮助学生对主题的理解；提供机会让学生思考、形成假设和提供证据支持他们的观点；鼓励学生建立联系以便帮助他们把信息存入长久记忆中；为学生创造机会将学习迁移到不同的情境或处境中。正如前面谈到的，在讨论中提问的目的与加深学习和强化学习有关。在为学习设置阶段时，教师可以通过提出基本问题、诱导性问题和激活旧知的问题使学生参与到讨论中。此外，讨论的问题有助于促进元认知思考。

> **思考与讨论** >>>
>
> 先独立思考并回答以下问题，再与同事讨论、合作进行探究。
> （1）你对表2.4中的教学目标怎么看？
> （2）你的课堂教学目标通常是什么？如果可能，你打算忽略哪个目标？
> （3）在准备与一系列合适的教学目标相匹配的问题时，你会如何使用这部分观点使问题更具目的性？

优质问题能使学生达到多样而合适的认知水平

对寻求信息和加工信息来说，问题都是一种工具（Hunkins，1995）。对此，威廉（Wiliam，2011）建议道："在课堂上提问的理由有两点：一是促使学生思考，二是给教师提供信息以便决定下一步做什么。"（p.79）因此，当我们构建问题时，我们不仅需要明确要求学生回应的知识或内容，而且要明确要求学生开展什么样的思考和知识加工。

我们要求学生回忆信息或证明他们已经与原有知识形成联系了吗？我们促使学生用更复杂的方式，如比较与对比、推理、概括及解决问题等使用信息了吗？这些类型的认知过程更为复杂，也更有可能导致深度学习。总之，我们提问的目的是什么？提问如何驱动认知需求？对问题认知水平的选择与优质提问的前两个维度——重点内容与教学目标是分不开的。

多数教育工作者认为，在课堂上过度强调了表层学习，有关研究也证实了这个论断。高尔（Gall，1970）进行的一个经典研究发现，60%的教师提问都是回忆事实性知识，20%的教师提问涉及程序性知识，只有约20%的教师提问需要学生思考。在另一个广为人知的研究中，研究者研究了1000多个教师提出的问题，他们发现，超过一半的问题与课堂管理有关（比如，"你完成作业了吗？"），在剩下的问题中，三分之一的问题要求学生回顾之前学过的知识，只有8%的问题要求学生思考——分析、推理或归纳（Brown & Wragg，1993）。教师普遍认可如下两种论断，即认知上复杂的思考会导致深度学习，要求复杂思考的课堂提问所占的比例很小，这导致大家普遍鼓励教师关注高水平的问题。

我们暂不讨论认知上复杂的不同水平的问题如何平衡的问题，在这里，我们强调的是，提问的目的与问题的认知水平一致的重要性。在建立基础知识时，提出旨在促进回忆事实性知识或证明已经理解了的问题，是非常恰当的。当学生参与认知上更为复杂的知识加工时，如果学生不能使用相关信息，就需要回到设计回忆性问题。低水平的问题在学习中扮演着很重要的角色。对我们期望学生取得的学习结果而言，这类问题是必要的，但是只有它们还不够。

意识与意图

回忆性问题在今天课堂上的流行源于传统与常规。我们倾向于按照我们被教的方式教学生，为了"覆盖内容"和保持控制，采用回忆性问题已经是由来已久的常规了。这样的提问方式常常是课堂讲解外的补充，只要求学生重述内容而不用真正思考。提问这种问题不用教师事先思考和准备，因为这种问题可以随手拈来。

为了改变这种情况，我们首先要有一种提问模式（questioning patterns）的意识。在你与学生进行课堂互动时，可以打开摄像机录制20～30分钟。然后回放并反思你的提问。有多少问题是学生要思考后回答的？有多少问题是要求学生超越背诵课文、超越简单回忆的？

很多简单的策略可以帮助你打破这种模式。首先，或许是最容易实施的方法，就是翻转问题——把例行公事的"回忆性"问题改变成让学生证明"理解了"的问题。比如，对于课堂互动中出现的几乎不用思考的问题："蜘蛛是昆虫吗？""美国的首都是哪里？""3×4等于多少？"为了提高认知复杂性水平，仅仅把答案放进问题里，让学生思考"为什么是这样"或"为什么不是这样"就可以："蜘蛛为什么不是昆虫？""为什么华盛顿会成为美国的首都？""为什么3×4等于12？还有哪些数字相乘等于12？"事实上，你的问题"内容依旧"，但使学生进行了思考并与已有知识建立了联系，而不是简单的反刍。这些翻转问题可以让学生记住信息，因为主动加工信息能创造和强化突触连接，从而促进长时记忆。

超越"翻转问题"的策略是提出开放式问题而不是只有一个选择的封闭式问题。封闭式问题不但给学生传达只有一个正确答案的导向，而且限制了学生对可能性的思考。比如，在英语语言艺术课上，教师提问："谁是这个故事的主角？"或者"你认为故事中的哪个角色是最与众不同的？为什么？"在这两个问题中，哪个问题更能让学生以复杂认知的方式理解故事呢？显然是第二个问题。几乎任何一个最初设计的问题都能重新思考——从封闭式问题变成开放式问题。另外，要从我们现在的提问习惯转向提问更为复杂的认知问题，要做的第一步就是，意识到目前的做法，以及如何建立新的常规来实现这种转变。

另一个超越"只看事实"的策略是，使用与阅读教学相关的计划：阅读原文原意（reading the lines）、阅读字里行间之意（reading between the lines）、阅读言外之意（reading beyond the lines）。阅读原文原意的问题是关于字面意思、特定意思、事实和细节、表面信息的。这些问题一般包括"谁？""什么？""何时？"等。阅读字里行间之意的问题要求学生进行推理、超越给定的信息思考、利用已有的知识并做出理解。这些问题一般包括"为什么？""如何做？"等。阅读言外之意的问题使学生进入到"如果……会怎么样？""如何可能？"等问题，要求学生使用想象力延伸或者超越给出的信息。请看为美国很多中学使用的詹姆斯·林肯·科利尔（James Lincoln Collier）的经典历史小说《亲爱的哥哥山姆》（*My Brother Sam Is Dead*）准备的问题："对山姆志愿参加革命军的决定，父亲的反应是怎样的？"（阅读原文原意）"对山姆的决定影响最大的是什么？"（阅读字里行间之意）"山姆参战的理由能说服你吗？"（阅读言外之意）

当你提出上述一些问题时，把回忆性问题转变为思考性问题的策略就能够在现实中的课堂落地。让设计超越于回忆性水平的问题成为一种习惯。这就是所谓的意识与意图。

现在回到在课前准备焦点问题。这些需要学生进行复杂思考的问题也需要设计这些问题的教师进行复杂的思考。在备课时，框架和工具能帮助设计更复杂的认知问题。

使用框架帮助准备问题

许多年来，教师在思考问题的认知水平时，其参考标准都是布卢姆的认知领域目标分类（Bloom Taxonomy of the Cognitive Domain）。这个分类最早是布鲁姆 1956 年提出的。2001 年的修订版升级了分类框架，将认知科学家的最新发现纳入进来（Anderson & Krathwohl，2001）。同时，美国的许多州和地区使用另一种不同的框架——韦布（Webb，1997）的知识深度（Depth of Knowledge）。因此，当今多数教师在设计和评价问题的认知水平时会参考其中一个或者两个框架。在考虑和构建问题，使问题的认知水平与教学目标相适应、与课程标准的建议相一致时，这两个框架都很有用。

布卢姆的目标分类（修订版）

大多数教师都能够说出原始的布卢姆目标分类的六个层次：知道（knowledge）、领会（comprehension）、应用（application）、分析（analysis）、综合（synthesis）以及评价（evaluation）（Bloom，1987）。2001年，安德森（Anderson）和克拉斯沃尔（Krathwohl）的《面向学习、教学和评价的分类——布卢姆教育目标分类修订》（*A Taxonomy for Learning, Teaching, and Assessing: A Revision of Bloom's Taxonomy of Educational Objectives*）一书出版。依据当今对认知、元认知和课堂教学过程的研究和理解，修订版的分类包括了"认知过程维度"和"知识维度"。

相对于原始的六个认知水平，升级版的布卢姆分类的六个层次构成了认知过程维度。这些被重新命名的分类是为了增加复杂性，它们是记忆（remember）、理解（understand）、应用（apply）、分析（analyze）、评价（evaluate）和创造（create）。

熟悉原始的布卢姆目标分类的读者会立即注意到三个不同之处。第一，最新的层次名称是用动词替代了名词来表示（例如，用apply替换了application）。这个变化与思维是行为动词的观点是一致的。第二，许多根源（root）变了。比如，记忆（remember）完全不同于知识（knowledge），修订版的分类标题是新创建的第二维度（知识维度）。第三，最后两个层次的顺序调换了，也就是说，评价（evaluate）在创造（create）的前面。

布卢姆分类修订版的作者支持建构主义的方法，他们认为，认知过程维度能够帮助教师计划活动，包括准备问题使学生进入到构建个人意义的领域。当学生超越了记忆层次，他们就开始主动加工获得的信息。这个主动加工能够起到组织知识的作用，使其有意义以及与已有知识整合起来（Mayer，1999）。这与死记硬背的学习方式相反。在死记硬背的学习中，教师鼓励学生背诵新信息，将新信息存入记忆中，层层叠加。与高层次的认知过程相关的主动加工有助于深度知识的发展和实现知识迁移的图式的建构。

该分类支持形成问题的特征

与我们合作的教师发现,修订版的布卢姆分类在构建问题方面是个有用的工具。特别是其中的三个特征支持思考如何选择和叙述不同认知需求水平的问题。首先,在六个认知层级或分类中,对每个层级下的认知过程的突破都扩大了对每个层级复杂性的思考。参照下表2.5中第一栏的内容,注意每一层级认知过程逐渐增加的复杂性。比如,在记忆水平下面的一层,回忆比识别更加复杂。教师几乎总是关注与理解相关的七个过程,其对知识的深化来说非常重要:解释、举例、分类、总结、推断、比较和说明。总之,理解不是低水平思维。增加的19个清晰定义的认知过程使修订后的分类更加明确和有生命力。

表2.5 认知过程维度

分类和认知过程	备选名称	定义和举例
1. 记忆(remember)——从长时记忆库中提取相关知识。		
1.1 识别(recognizing)	确认(identifying)	在长时记忆中提取与呈现资料一致的知识(如识别出美国历史中重要事件的日期)。
1.2 回忆(recalling)	提取(retrieving)	从长时记忆中回忆相关知识(如回忆美国历史中重要事件的日期)。
2. 理解(understand)——能够从口头的、书面的或图表图形等教学信息中构建意义。		
2.1 解释(interpreting)	澄清(clarifying) 释义(paraphrasing) 表征(representing) 转换(translating)	从一种表征形式(如数字的)转换成另一种(如口头的)(比如,改述重要的演讲和文件)。
2.2 举例(exemplifying)	例证(illustrating) 例示(instantiating)	找出概念或者原则的一个具体案例或举例说明(比如,举出不同艺术绘画风格的例子)。

续表

分类和认知过程	备选名称	定义和举例
2.3 分类（classifying）	归类（categorizing） 归入（subsuming）	判断某个事物属于一种类型（比如，把观察到的或描写的精神障碍的案例进行分类）。
2.4 总结（summarizing）	抽象（abstracting） 概括（generalizing）	概括主题或者要点（比如，写出视频播放事件的小结）。
2.5 推断（inferring）	断定（concluding） 外推（extrapolating） 添加（interpolating） 预测（predicting）	从呈现的信息中得出具有逻辑的结论（比如，在学习外语时，从例子中推测出语法）。
2.6 比较（comparing）	对照（contrasting） 映射（mapping） 匹配（matching）	探究两种想法、事物等之间的相似点（比如，比较历史事件和当代情况）。
2.7 说明（explaining）	建构模型（constructing models）	建立一个系统的因果关系的模型（比如，说明法国18世纪重要事件的原因）。
3. 应用（apply）——在特定情境中运用某个程序。		
3.1 执行（executing）	进行（carrying out）	将某个程序应用到相似的任务中去（比如，一个整数除以另一个整数，两者都是多位数）。
3.2 实施（implementing）	使用（using）	将程序应用到不熟悉的任务中（比如，将牛顿第二定律运用到合适的情境中）。
4. 分析（analyze）——将材料分解为其组成部分并且确定这些部分是如何相互关联的以及部分同总体或目的之间的联系。		
4.1 区分（differentiating）	辨别（discriminating） 区别（distinguishing） 聚焦（focusing） 选择（selecting）	从呈现的材料中区分出有关部分与无关部分，或者辨别出重要部分与不重要部分（比如，在数学问题中区分出有关和无关的数字）。

续表

分类和认知过程	备选名称	定义和举例
4.2 组织（organizing）	寻求一致（find coherence） 整合内容（integrating） 明确要义（outlining） 语法分析（parsing） 形成结构（structuring）	判断在结构中各个要素是如何相互适应或发挥作用的（比如，一个历史描述中的结构证据成为一个支持或反对某个特别历史说明的证据）。
4.3 归属（attributing）	解构（deconstructing）	从给出的材料中判断隐含的某种观点、偏见、价值或者潜在意图（比如，从作者政治立场出发判断文章的观点）。
5. 评价（evaluate）——依据准则和标准做出判断。		
5.1 检查（checking）	协调（coordinating） 查明（detecting） 监控（monitoring） 检验（testing）	查明程序内部或产品内部的不一致或错误；判断程序或产品内部是否协调；实施程序，判断其有效性（比如，判断科学家的结论是不是从观察的数据中得出的）。
5.2 评判（critiquing）	判断（judging）	查明产品和外部标准之间的不一致，判断产品是否有外部的一致性；判断针对某个问题的程序是否合适（比如，判断解决某个问题的两个方法中的哪一个最好？）。
6. 创造（create）——将要素整合为一个内在一致、功能统一的整体或组织元素形成一个新的模式或结构。		
6.1 生成（generating）	假设（hypothesizing）	基于某个标准提出假设（比如，对观察到的现象进行假设）。
6.2 计划（planning）	设计（designing）	设计完成某项任务的程序（比如，关于某个历史话题计划一个研究报告）。
6.3 产出（producing）	构建（constructing）	发明一种产品（比如，出于某种特别目的建立一个产地）。

（资料来源：复制于 Anderson & Krathwohl, 2001）

这个分类的第二个有用的特征是"备选名称"（Alternative Names）（表2.5中的第二栏）。这些是每个认知过程的同义词，使用其他的动词评估学生在每个层次水平的思考。动词不仅与发展认知复杂性相关，在表达口头说明的问题的认识水平时，动词也是最重要的方法。在表2.5中发现的第三个有用的特征是"定义和举例"这一栏。它给出了每个思维水平的定义，有助于教师判断学生相应的思维水平状况。在学生听到或看到一个特定动词时，教师也可以使用这些定义帮助学生理解他们将要使用的认知过程的类型。

表2.6呈现了参考这个分类工具设计的问题。"说明"一栏强调了学生的预期思考来自每个问题，进而解释了学生对预期概念思考的认知复杂性也在增加。大部分的问题是关于社会研究和人文方面的。这些问题从小学高年级到高中都是衔接的。我们提供这些问题举例是想说明，相对于有限的概念，对问题的认知需求是如何逐渐提高的，而不是要开一个"问题银行"，罗列所有内容和年级水平的问题。

表2.6　不同认知水平上的问题举例

预期的认知水平	问题举例	说明 （与表2.5中的加工技能相关）
记忆	● 水的化学表达或分子式是什么？ ● 美国购买路易斯安那州时期的总统是谁？	● 两个问题都要求学生提取事实性信息。
理解	● 水分别以什么方式满足人的身体、情绪和精神上的需求？ ● 识别铁路旅游出现后美国发展起来的城市。 ● 比较美国购买路易斯安那州和阿拉斯加州时的情况。	● 前两个问题提示学生进行推断，基于已经学到的信息得出符合逻辑的结论。 ● 第三个问题要求学生进行对比，也就是说，通过"检查一致性"考察两个不同的历史事件。

续表

预期的认知水平	问题举例	说明（与表 2.5 中的加工技能相关）
应用	● 在地图上找出路易斯安那州境内最北点，说出它的经纬度。 ● 假设你居住在 1800 年的华盛顿特区，计划去新奥尔良。你使用什么路线和交通工具能够在最短的时间内到达目的地？	● 第一个问题要求学生执行（实行）已经学习到的程序。 ● 第二个问题要求学生在不熟悉的环境中使用（实施）知识（比如，画出路线图和决定最有利的交通工具）。
分析	● 你有什么证据支持托马斯·杰斐逊是个冒险者的论点？ ● 建造水坝以什么样的方式（积极的和消极的）影响到环境？ ● 路易斯和克拉克旅行的主题是什么？	● 第一个问题要求学生从杰斐逊的生活中选择他是冒险者的证据，以便能做出区分。 ● 第二个问题要求学生识别和组织建造大坝对环境的积极和消极的影响因素。 ● 第三个问题要求学生解构文本以确定主题。
评价	● 我们从本校学生父母那里收集到的调查报告数据证实还是否定了关于父母监督孩子看电视的假设？给出例子说明。 ● 约翰逊政府的社会政策与他作为参议员时支持的政策一致吗？	● 第一个问题要求学生核查调查的结果是否与假设一致。 ● 第二个问题要求学生评论约翰逊总统的决策与他任参议员时支持的政策是否一致。
创造	● 提出假设说明增加互联网使用是否对孩子的发展有影响（对比给定的儿童发展原则）。 ● 在不侵犯学生个人权利的情况下，设计一套安全系统以保护所有学生的在校安全。 ● 制订一个水资源保护方案并确信你能"推销"给同伴。	● 第一个问题要求学生生成假设，做出预测：基于一套原则，给定的现象是否会造成影响。 ● 第二个问题要求学生计划或设计满足州标准的系统。 ● 第三个问题邀请学生发明或生产一个新产品。

注意

我们不能过于强调教师明辨将要发生的认知过程（加工）的重要性。研究发现，有 50% 的对教师问题的学生回应处于不同水平，同问题本身的提示不一致。如果教师不提前想好适宜的思维是什么，那么就很可能会接受低级认知水平的回应。这是使用表 2.6 作为工具来考虑特定的认知运作大概是个什么样子的潜在价值。

许多与我们合作的教师在课堂上使用了修订版的布卢姆目标分类，尽力帮助学生更好地理解一系列认知需求。最起码，这个工具在教学学术词汇时是个非常有用的资源。当教师向学生进行解释说明、问题举例，以及让学生在不同水平进行思维时，学生开始理解了思维的复杂性。

使用这个工具的教师报告说，目标分类是个强大的工具：（1）帮助学生理解思维提示，包括教师提出的问题和标准化测试问题中的提示；（2）学会形成自己的问题。我们的经验证实了弗朗西斯·亨金斯（Francis Hunkins）的观点：''当我们让学生了解问题类型时，我们教会学生思考而不是背诵''（1995，p.66）。通过提示发展学生对认知过程的理解力能够帮助缩小教师问题与学生回应之间的差距。

另一个要注意的是，在思考如何构建问题使学生在特定认知水平上思考时，要考虑学生的已有知识和发展水平。例如，问题中的动词可能会使你想到问题需要分析，你需要想想分析是否能使学生产生新的理解——或者，另一方面，学生之前已经''学过''（如记住）分析的预期结果。考虑这个问题：''20 世纪 20 年代美国文学的主题是什么？''如果教师已经讲过这些主题的概要，或如果文本中已经有了主题列表，或者学生能够在谷歌中搜索到这个列表，那么这个问题就不会超过记忆水平。但是，如果教师要求学生根据学过的代表性著作考虑这个问题，或者如果要求学生对他们的思考提供来自作品的证据，那么这个问题就提出了更高的认知需求。

同样，考虑这个问题：''制定一个规则帮助你判断何时用乘法代替加法。''

对于二年级学生来说，这个问题可能提出了一个重要的认知挑战。五年级学生可能凭直觉而几乎不用思考就能对这个问题做出即时回应。这些例子强化了我们之前的观点：动词不是问题和其他教学任务分类的工具。它们是提示的一个潜在重要的成分，它们代表的不是本身的意思。我们通过对与已有知识相关的思维提示（如动词）和学习者的经验来评估认知需求。

韦布的知识深度

1997年，诺曼·韦布为全美州教育局长理事会（Council of Chief State School Officers）做的报告，表明了标准和评估之间一致性的重要。报告中出现了"韦布的知识深度"（Webb's Depth of Knowledge，简称DOK）。它是一种类似于修订版的布卢姆分类的框架，作为一种工具发挥作用，旨在理解认知复杂性和帮助设计教学与评估，包括设计问题。

师生协同

如何知道一个问题促使我们追求达到的思维水平？

大量而单一的回忆性问题造成的结果之一是，学生认为，回答问题就是要给出正确的信息或者知识——而不是加工信息。当学生面对的问题需要高水平的认知加工时，他们就傻了眼。他们可能不知道思维的语言。

我们如何提供给学生他们所需要的工具以便明确回答问题要求的思维种类？我们建议不要花时间在教学过程中单独教授思维技能。不过我们确实相信，学生会像教师那样从帮助他们理解思维的框架中获益。

我们有同事教了学生修订版布卢姆分类中的六个层次。他们中的一些人把六个层次和相关动词写在纸条上并张贴在教室周围。据我们了解，其中一位一年级教师和学生使用了"布卢姆的熊"（Bloom's bear）。熊穿着一件有着六个不同颜色纽扣的夹克。最底下的纽扣代表记忆，以此类推到最高层次。一年级学生已经知道六个层次，而且可以告诉教师每一个层次的意思。也有教师创造了"布卢姆树"(Bloom-ing trees)。这棵树有六个分支(一个分支表示分类的一个层次)和每个分支上的花朵(与每个层次相关的动词)。

我们使用了另一个在奥利弗·温德尔·霍姆斯(Oliver Wendell Holmes)《早餐桌边的诗人》(*The Poet at the Breakfast Table*)的启发下得出的更加简单的框架。霍姆斯用这种方式表达了思考问题:

"聪明的人也可以分成一二三。只是记住知识的人,只配待在一层楼;能够登上二层楼的人是善于使用他人和自己的知识做出比较、推理与概括的人;能够勇攀高峰的人则擅长谋划、想象、预测并通过前面人的知识做出最好的阐述。"(p.28)

很多作者采用了比喻和三层房子的图示来象征思维的层次。我们在研究中使用三个层次对问题进行分类:回忆、使用与创造。我们在三层房屋中展示这三个层次(以及相关的动词)来教孩子们不同的思维水平(参见图2.4)。我们了解到,许多教师把这个图张贴在教室里,提醒学生和教师努力攀登高峰。我们推荐阅读霍姆斯著作的节选和插图,并与学生分享,培育学生元认知的发展。

《如何在〈共同核心州立标准〉下教授思维技能》(*How to Teach Thinking Skills Within the Commom Core*, Ballanca, Fogarty, & Pete, 2012)对于发展学生理解包含多样思维动词的心理加工种类是有用的资源。该书作者在七个层次下分了21个认知加工技能,并且提供了可以用来教学生这21个技能的有用的概念和微课。这21个技能包括广泛使用的认知框架中的大多数动词。

与学生共同深度探寻多种类型的认知加工,是在学习上彼此分享的探险活动。请选择吸引你的且适合学生的资源。我们假定学生不能理解推断、假设、推测和概括等的意义。让学生对这些认知加工做到尽量外显化,能够增加其回答包含高层次认知要求问题的自信。你要提供给学生在与你合作进行回答和思考时使用的工具并帮助他们发展他们可以终生使用的技能。

韦布的初始工作聚焦数学和科学，他把这两个领域分开，为它们各自创建了框架。在过去20年中，大量的测验公司，包括为《共同核心州立标准》开发新评价方案的公司，都已经采用了DOK作为校准工具，也把它作为个人测验项目中认知复杂性的测量工具。各州和地区也已经把DOK作为设计本地基准评估的工具和开发课堂教学任务、问题和评价的工具。

当然，这样做的目的是为了把所在州和地区的评价与由Smarter Balanced，PARCC，ACT和其他州评价开发者创造的高风险测验统一起来。托马斯·福德姆研究所（Thomas Fordham Institute）使用DOK（包含四个基本层次：回忆、技能或概念的基础应用、策略性思维以及拓展性思维）评价了测验项目的认知复杂性（Doorey & Polikoff, 2016）。研究者"发现这些评价比之前的州评价，特别是在数学方面（这些州评价里不含有DOK3和DOK4项目）更有挑战性——强调更高层次的技能"（p.19）。在母语教学和

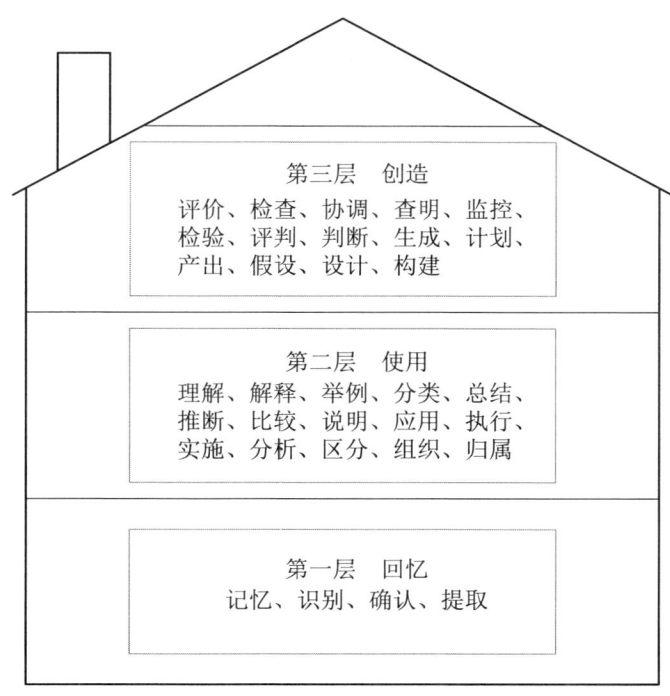

图2.4　回忆、使用与创造：可视化描述

数学的所有年级的测试中，这些评价的大多数项目都被发现是在 DOK2 和 DOK3 层次。虽然 DOK4 层次的测验试题比例相对较小，但是这些数据能够说明学生超越了回忆层次。使用 DOK 来检测试题的复杂性，这是州和地区使用 DOK 框架的强大驱动力。

对于习惯了修订版的布卢姆分类的许多教师来说，使用 DOK 代表了一种学习曲线。我们认为，这不是非此即彼的命题：不是 DOK 就是布卢姆分类。两者都应该被看作工具，而不是目的。另外，两者并不冲突，它们的共同之处多于不同之处。我们建议教师在需要时继续使用修订版的布卢姆分类，并在适当的时候参考使用 DOK。为了做到这一点，考虑到修订版布卢姆分类和 DOK 的异同，我们提供了关于 DOK 的简要描述。

前面提到的 DOK 的四个基本层次（回忆、技能或概念的基础应用、策略性思维和拓展性思维）是关于层次的分类名称。在实践中，韦布把这四个层次用具体的方法应用到不同的内容领域。表 2.7 展示了与每个不同内容领域相联系的具体认知技能。该表提供了不同主题领域内的认知技能范例。表中的举例虽然不够详尽，但还是展示了韦布的分类是如何用于四个学科的（英语语言艺术、数学、科学和社会研究）。

表 2.7　四个不同内容领域的 DOK 样例

内容领域	DOK1	DOK2	DOK3	DOK4
	回忆：回忆或者辨析事实、概念和程序。	技能或概念的基础应用：使用事实、程序和概念性知识。	策略性思维：要求推理，包括计划、问题解决和依据正确理由做出决策。	拓展性思维：应用到复杂的现实世界中需要长时间的研究和对与问题或任务相关的多条件的加工。
语言艺术：阅读	使用文中细节支持观点；使用字典查询生词；辨别修辞语言。	使用上下文线索推测生词的意思；辨别和总结主要事件。	描述作者的目的并说明它是如何影响到对文本的解释的；从多个文本总结信息。	从多个文本分析和综合信息；从多个资源辨别和解释不同的观点。

续表

内容领域	DOK1	DOK2	DOK3	DOK4
语言艺术：写作	正确使用标点；识别标准的英语语法结构。	会写复合句；使用简单的组织策略创作写作片段。	使用细节和范例支持观点；根据读者和目的不同使用正确的语气；形成符合逻辑的观点。	对两篇文本进行书面分析，识别共同的主题并对比采用的方法。
数学	回忆：使用一步的、直接简单的算法程序解决问题。	技能/概念：决定使用哪个公式或法则解决问题；用图表组织和表现数据。	策略性思维：解释一个人在选择一种方法或解决方式时的思维；证明回答；使用概念解决问题。	拓展性思维：进行多项联系；从多个备选中选择一个解决问题的方法；综合；检查。
科学	回忆与再现：通过词汇或者图表表示一个科学概念或关系；执行一个常规程序。	技能与概念：识别与解释多个变量之间的关系；组织、表达与解释数据。	策略性思维：设计调查；解决非常规问题；对于复杂的情况开发科学模型。	拓展性思维：设计复杂的实验并实施一段时间；把研究成果应用到新的问题情境中去。
社会研究	回忆信息：分辨地图、图表、表格、曲线图、文本中的项目。	基本推理：比较人物、地点、事件或概念；描述或解释事件、问题、难题、范式、因果关系。	复杂推理：使用证据证明推理；将概念应用到新的情境中去；识别并解释错误概念。	拓展性推理：从多种资源分析并综合信息；检查并解释各种资源的备选观点。

（资料来源：Webb，2002）

韦布设计的每个层次都有学生掌握内容的方法。他对于每个层次的设计都是依据"为了做出回应，学生如何能够深度理解内容，而不仅仅是使用的动词"（Hess，2006）。他还建议在学生从浅层理解发展到更复杂或深度的理解的过程中，DOK 的各层次之间要有所交叉，期望学生可以从获得知识发展到使用知识，最终是经过一段时间的深度学习发展到拓展知识。

互联网上有大量关于在具体课程领域进行教学设计和评价设计时如何使用 DOK 的在线资源。许多州教育部门开发了自己的资源。我们推荐读者参考这些资源，并建议你参考所在州或地区已经在使用的资源。我们特别推荐由共同核心州立标准研究所（The Common Core Institute）出版的《在〈共同核心州立标准〉下的韦布知识深度使用指南》(*A Guide for Using Webb's Depth of Knowledge With Common Core State Standards*，Hess，2013）。这个相对简短而全面的指南，提供了动词、教师和学生的角色、可能的结果和四个内容领域 DOK 每个层次的活动。它还用图示说明了 DOK 的层次和修订版布卢姆分类认知领域层次之间的关系。

我们回头再来看一下从布卢姆分类转型到 DOK 分类对教师来说有什么挑战。正如我们在前面所建议的，两者之间的相似处大于不同处。两者都支持问题设计和旨在促进学生从表层学习到深度学习、从简单思维到更为复杂的认知思维的活动设计。在提示学生思考使用的一系列动词上标记出了二者的相似之处。布卢姆分类和 DOK 都以动词开始，如回忆、记忆、再现，以及更高层次的动词如设计、综合、创造。然而，这两个框架都没有只依赖动词。两者中思维的复杂性和学生理解的深度使它们能够在认知复杂性的更高一个层次上完成任务。两个框架的作者都注明了层次之间的相互依赖性，要求学生能够轻易地在层次之间进行思维转换。简言之，两者之间没有真正的冲突。

然而，两者之间也是有不同之处的。DOK 有四个层次，韦布喜欢称之为"类别"（categories），而布卢姆分类有六个层级。DOK 描述提供了许多具体内容的范例；修订版的布卢姆分类表对于所有内容领域都是以启发式的形式呈现给使用者的。修订版的布卢姆分类是二维的，以表格的形式呈现；DOK 把知识和认知整合在四个不同的类别里。DOK 描述了许多和每个层次有关的具体任务、活动和项目。最后，韦布声称，他从来没有把 DOK 当作一种目标分类或者分类系统（classification system）。他认为，这四种类别是"主体性的"（nominative），代表了"学生获取内容的四种不同方法"（Hess，2006）。还有，他没有把这四种类别看作线性的或具有等级的，也不认为一种类别的价值高于另一个类别。韦布关注的是，教师的设计要真正做到适合学生的水平；教师可以根据需要在各个类别之间设计任务；并不局限于每天甚至每周都要有 DOK4 任务或问题。DOK4 包括一类特殊的问题或提示类别，这种类别要求学生按照指定的问题解决过程或创作过程进行一段时间的学习。

一天结束时，教师要做出关于使用哪个工具的选择。在我们看来，每个工具都有其优点。当参考某项标准、内容重点和教学目标开始构建问题时，适合使用 DOK。这四个层次很容易就能同教学目标以及我们前面提到的相关问题联系起来。表 2.8 说明了这种关系。当教师开始考虑如何表述问题才能最好地激励学生在预期层次上思考时，他们或许希望使用修订版的布卢姆分类表。认知维度的组织方式便于教师使用并且对教师来说相对容易理解与使用。

表 2.8 提问目的与 DOK 层级之间的关系

提问目的	DOK 层级的问题类型			
	DOK1	DOK2	DOK3	DOK4
设置学习阶段	诊断性问题	激活旧知的问题	基本问题 诱导性问题	基本问题 诱导性问题
建立基础知识	细节性问题	解释性问题 推理性问题		
检查理解	探索性问题	关键或策略性问题 探索性问题		
帮助学生理解文本	细节性问题	解释性问题 推理性问题	迁移性问题	
加深与强化学习		相关性问题	迁移性问题 相关性问题 拓展性问题	迁移性问题
促进元认知思考	细节性问题	反思性问题	反思性问题	反思性问题

重要的是，要对提示的建构深思熟虑，以便它能有效而清晰地向学生说明预期的思维重点和思维的复杂性。本章最后一部分介绍的是构建问题的用语、措辞和语法等。

附加说明

这里要再次强调前面提到过的关于使用修订版布卢姆分类的提示。这里的说明适用于任何认知框架。首先，就像前面提到过的，回应的实际认知水平取决于提问的语境和学生的经验及知识背景。例如，在科学课上，教师要求学生分辨某种未知的物质，如果学生之前没有遇见过此类问题，这就需要使用分析或者DOK3技能。但是，如果学生过去使用过分析，理解、DOK1或DOK2可能就是最高的认知水平。韦布的基本假设是，恰当地运用认知技能是学生取得学习进步的基本保障。

一个严重的问题是，教材中的许多问题和教师的指导都落在了最低的认知水平——DOK1或记忆。导致这一问题的很大原因在于，教材通过把分析和评价包括在内代替学生做出了"思考"。因此，许多教材提供的看起来像高层次的问题，实际上却是简单的回顾或回忆性问题。例如，考虑关于美国历史的一个熟悉的问题："导致第一次世界大战的主要原因是什么？"如果在学生已经看过基本的材料后提出这个问题，那么它就适合作为DOK2层级的问题或分析问题。然而，美国历史教材都列举了原因。在这种情况下，问题就属于DOK1层级或者记忆/回忆层次的问题——就像前面20世纪美国文学的那个例子。基于这种原因，我们认为，在设计问题而不是根据材料对问题进行分类这一点上，这两种框架是非常有用的。

最后，许多教师认为，能力低的学生难以回答高认知水平的问题。实际上，如果给予足够的支持与指导，所有能力水平的学生——包括接受特殊教育的学生——都能够在较高层次水平上思考。关键是，教师要提供"结构化的学习机会"，让学生通过清晰、有序的方式逐渐达到高认知水平（Bulgren, Lenz, Marquis, Schumaker, & Deshler, 2002）。同样重要的是，要记住难度和认知复杂性的区别。难度通常是量的因素，而复杂性是质的因素。难度与完成一项学习任务要求的工作的数量有关；复杂性与思考层次有关。比较下面两个问题：

- 在我们的星球上，周期表中的哪五个元素最流行？
- 宇宙中的 91% 是氢气，但是只有 14% 存在于地球。思考这个事实产生的重要结果，并提供证据支持你的思考。

学生对于第一个问题的回答取决于在学习、识别和记忆信息方面付诸的努力。对那些有学习障碍的学生来说，这个问题很有挑战性。另一方面，第二个问题要求学生在基于给定信息得出提示的基础上，进行分析性思考。

> **思考与讨论** >>>
> 先独立思考并回答以下问题，再与同事讨论、合作进行探究。
> （1）高认知加工层次上的问题架构和学生深度知识发展之间的关系是什么？
> （2）你认为哪个认知加工层次最有利于学生建构深度知识？为什么？

优质问题是清晰而简洁的

一旦你决定了重点内容、教学目标和认知水平，就可以准备写出你的问题了。把问题写在纸上比较容易评估其质量。阅读了两三遍问题后，我们就可以确定问题体现的重点内容、教学目标和认知水平是否如我们预期的。在知识和思维能力培养方面，它是我们希望达到的目标吗？它是我们的目标学生可能接受和理解的吗？它是否包括了激发学生思考所要求的所有必要信息，没有遗漏吗？学生是否对问题所要求的认知加工水平有基本的理解？如果回答是"是"，那么问题就是符合要求的了。但是，还有一个重要的问题：提问的措词是清晰、具体而简洁的吗？要评估这个问题，我们就要大声地读一读问题。当书面问题听起来令人尴尬、无聊和困惑时，这个不可思议的问题会怎样呢？措辞与语法是决定问题质量的关键。

措辞

我们要谨慎选择用词。首先，每个词语的意思都要清晰，不能模棱两可；其次，每个问题要用尽量少的词语来表达意思，当问题是以口头形式表达出来时，这一点尤为重要。最后，措辞要适合学生的年龄、年级水平、学业水平、文化背景等。

语法

语法对形成一个清晰的问题来说同样重要。语法是指句子结构和词语的组织方式。我们在看问题的语法时，要思考三个要点：

- 问题的语法正确吗？如果我们没有提前好好考虑问题，提问就比较冒险，因为这些问题有可能是不完整的句子、短语位置不当或主谓不一致。
- 它表明要回答的是一个且只有一个问题吗；也就是说，是单重而不是双重问题吗？提问双重问题的原因在于，对问题的关注内容不清晰——在提问前没有花时间形成一个清晰的问题。提出的问题要求不只一个回应，这是最常见的错误。例如，考虑这个问题："关于波士顿倾茶事件你有什么想法，殖民者有权利这样做吗？"学生应该回答哪个问题？第一部分（倾倒茶叶的原因）还是第二部分（革命者采取的行动是对还是错）？
- 问题的主干"完整"吗？它给学生提供了充足的上下文信息使他们能够正确做出回应吗？在提出问题之前，先做一个说明使问题简短而易于理解，是有帮助的。比如，想象对于下面这个问题的回应："给出三四个原因来说明下面的研究发现。研究发现，在中小学教师提出的问题中，超过50%的问题属于布卢姆分类的回忆层次的问题。"在你听完问题时，你可能已经忘记问题是什么了。但是，如果先说明陈述，再提出需要回答的问题，听者会获得更多形成答案的线索："研究一致发现，中小学教师提出的超过50%的问题属于布卢姆分类的回忆层次上的问题。为什么会这样呢？请说出三到四个原因。"

最后的检查

课堂提问最终是通过口头语言表达出来的。因此，对一个优质问题的严格测试是，大声把问题读出来并评估其在读出时是否令人舒适。感觉对吗？听起来对吗？很容易说出口吗？很容易理解吗？如果你的回答是肯定的，就可以准备把问题写在黑板上并在课堂上使用了。

> **思考与讨论** >>>
>
> 先独立思考并回答以下问题，再与同事讨论、合作进行探究。
>
> 准备问题包括回顾过去使用过的问题并对问题进行修改以使它们促进学生的思考和讨论。检查下面的一对问题。一起讨论修改后的、能够更好地促进学生思考的问题的性质。
>
> **最初的问题**：你如何描述丹尼尔·华勒斯（Daniel Wallace）的小说《大鱼》（*The Big Fish*）中爱德华和他儿子的关系？
>
> **修改后/重写的问题**：在丹尼尔·华勒斯的小说《大鱼》中，爱德华通过讲故事来回应儿子威尔的问题而不是直接给出答案。
>
> **思考**：推论爱德华为什么会通过讲故事的方式与儿子交流。从书中找出让你得出这个推论的参考内容。快速记下你的想法。
>
> **结对**：与同伴分享并比较你们的想法。使用白板上的标准，对比哪个假设最有可能性。准备与全班分享你的理由。
>
> **分享**：（参与到全班对问题的讨论中）爱德华通过讲故事与儿子进行交流的可能原因是什么？我们有什么证据表明他想用讲故事的方法影响儿子？

提出优质问题不能靠运气

毫无疑问，准备优质问题需要花费时间和付出努力；但是，令人欣慰的是，一些精心设计的焦点问题可以帮助学生进入一节课的核心，使学生的思维进入高层次的认知水平。我们的准则是，要质量而不是求数量。

如果问题是教师原有"库存"中的，准备焦点问题的时间就能有所保证。一旦这些问题形成并被成功使用，它们就应该被保存在"资料库"里供将来使用以及与同事分享。将所有认知水平的有意义的、重要的、可行的问题存入计算机或卡片档案里，就成了讲授某个特定单元可用的最有价值的资源。

理想情况下，学生对焦点问题的回答会导致其他问题的产生。教师和学生都可以提出"新出现的问题"来澄清或拓展理解。课堂提问是动态、流动的过程。通过提问和回答这些"新出现的问题"，学生扩展了他们的学习边界。第五章将深入探讨教师在培养、邀请和支持学生提问方面应该如何做。

当我们考虑优质提问起到的积极作用时，我们开始把它们看作课堂教学的"肌肉"。当我们锻炼这些肌肉时，我们通过把学生的学习和思考提高到一个新的高度增加了肌肉的力量。然而，像强有力的肌肉一样，优质问题不可能是凭运气创造出来的。相反，我们必须根据重点内容、教学目标、预期的认知水平以及学习者的需求和兴趣来构建高质量的问题。为了使我们的学生理解问题并使用它们促进自身的思考，我们必须设计问题。

复习与思考

在课前，我使用什么方法准备优质问题？

提问实践	反思问题
决定重点内容	● 如何为我的提问决定重点内容？ ● 如何确保我的问题与重要的教学标准和相关学习目标一致？ ● 如果学生已经有了做出正确回答的先前认识，我该怎么办？ ● 知识的四个维度中的哪一个要被整合进本单元的焦点问题中？ ● 当寻求帮助学生把新的学习与已有认识和经验联系起来时，我如何考虑学生的兴趣？
确定教学目标	● 我提问的目的是什么？ ● 当决定提问的目的时，我考虑教学阶段（开始、中间、高潮）了吗？ ● 学生需要了解额外的表层知识吗，还是应该进入到深度学习？我是如何知道的？ ● 在构建问题时，我是如何考虑教学的情境（如详述或讨论）的？
选择认知水平	● 我的问题是想让学生处于什么认知水平？ ● 问题的认知水平与提问目的和教学标准匹配吗？ ● 如果合适，我构建的问题超越了回忆/DOK1层次吗？ ● 如何确保学生的回应正好在预期的认知水平上？ ● 我帮助学生理解不同的认知水平所包含的内容了吗？
考虑措辞和语法	● 学生理解问题吗？他们理解要他们回答的是什么吗？ ● 问题的意思清楚吗？ ● 如果可能，问题里包含学术词吗？ ● 措辞精确而简洁吗？ ● 问题限制于单一的关注点吗？ ● 问题的组织便于口头表达吗？
师生协同	● 与学生合作到什么程度能确保问题可以使学生建立个人联系以及理解问题的意图？ ● 在从"正确答案导向"过渡到把问题当作学习的工具方面，我们已经达到了什么程度？ ● 用什么方法把学生的兴趣和热情与学习的主题联系起来？ ● 如何帮助学生理解和反思他们的思维？

第三章
提出问题
教师如何让所有学生参与思考与回应？

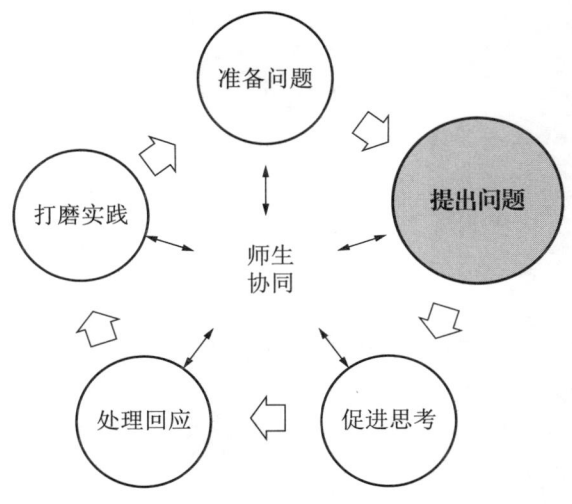

> **焦点问题**
>
> （1）我们如何与所有学生交流，告知他们的回应很重要？
> （2）什么类型的回应结构能帮助提出期望，即所有学生都有责任思考和准备回答所有的问题？
> （3）在提出一个问题并点名让学生回答问题之前，为什么帮助学生理解如何使用"停顿时间"很重要？
> （4）我们如何在课堂交流时促进学生公平参与并帮助学生意识到自己和他人的参与？

在重视思考的文化中，教师与学生交流表现出对学生思考的尊重和兴趣，并可以培养他们成为对团体做出有效贡献的有价值、有能力的个体。
——罗恩·里奇哈特（Ron Ritchhart，2015，p.199）

让全体学生参与回答问题的第一步是，设计有趣的、严谨的、和学习目标有关的问题。一个激发思考的优质问题是一个好的开始，但是不能保证所有的学生都能思考或回答这个问题。学生知道如果他不回答，其他人也会回答；不回答的学生就会摆脱困境。参与焦点小组的高中生会被问到他们是否知道谁会回答教师的问题。他们毫不迟疑地一致说道："是的，你总会知道教师叫谁回答问题。每次都是同样的学生。"这些学生的感受反映了许多研究发现，在大多数的课堂上，有些学生从来不发言，相反，另一些学生却经常发言（Jones，1990；Sadker & Sadker，1985）。

文献中把那些经常回答教师问题的学生称为"目标学生"，他们通常是成绩较好的学生，白种人或者亚洲族裔，男生，来自中等以上收入家庭（Fredricks，2014；Good，1987；Jones & Dinida，2004；Rothenberg & Fisher，2007；Sadker & Sadker，1994；Tobin & Gallaghar，1987；Wells，2001）。通过允许一部分学生不发言、另一部分学生常发言，我们鼓励了课堂上的这种不公平。从一种负责的视角，通过小组的测验分数可以发现，课堂上的公平问题越来越明显。

> 在讨论缩小成绩差距的努力是不是奏效时，我们应该先问问在课堂上是不是缩小了参与的差距。
>
> （Quaglia & Corso，2014，p.87）

本章将探索在提问的实践中减少目标学生的方法，促使所有学生参与到学习中去。

首先，许多学生因为缺乏自信或担心尴尬而不愿意参与回答问题，我们建议建设课堂文化以支持全体学生参与教学活动。在这种文化中，学生会感到说出他们的想法是安全的，尊重和重视各种不同的观点，共同认识到各种回应（不管是正确的还是错误的）都是学习的路径。

其次，由于传统的提问方式是一次叫一位学生回答问题，限制了回答问题的人数，我们可以采用新的回答方式，让每一位学生都能参与回答并负起责任。

第三，因为学生在被教师点名时通常会感到害怕，我们将探索用一种吸引人的方式提出问题，特别是有兴趣倾听其他学生的回应——而不是倾听

"我们的答案"。

第四，因为我们的目的是让学生对问题保持尊重，我们努力给学生提供时间思考问题，然后做出深思熟虑的回答。

最后，我们还留有余地，就是按惯例提供自由回答问题的时间。

课堂文化影响学生的参与

为什么有那么多的学生没有完全参与回答问题？在夸利亚等人（Quaglia & Corso，2014）的研究中，将近一半的学生说他们厌倦学校。当然，这种厌倦的一个原因与平时的教学实践有关。教师在课上讲话的时间超过70%，让学生——即使是二年级学生——被动地听（Hattie，2012；Hibert & Wearne，1993）。教师讲话的比率在低成绩学生的课堂上比较高，他们在这种课堂上获利最多（Hattie，2012）。弗雷德里克斯（Fredricks，2014）引用的一项研究（Planta，Belsky，Houts，& Morrison，2007）中提到，超过2500个五年级学生的课堂用90%的时间"听老师讲解或做练习"（p.40）。如何使这些五年级学生——他们喜欢社会化学习（合作学习和同伴学习），主动参与学习（而不是安静地听），解决真实世界的问题（与此相反的是，学习内容与他们个人无关）以及给出他们自己解决问题的方法（而不是一个通用的方法）？

为了消除教师由于学生"不在乎"才不愿意参与的想法，弗雷德里克斯（Fredricks，2014）比较了校内学习（如数学问题、散文、默读和学习单）和校外学习（如运动、电脑游戏、问题解决、社会活动）的区别。她发现，在校内学不好的学生在校外表现却很优秀。在这两种环境中，问题和提问也是不一样的。正如表3.1所示，你可以想想传统的课堂提问是如何使得学生讨厌参与回答的。

表 3.1　校内外学习中的提问

传统课堂学习中的提问	校外学习中的提问
教师提出问题，他们都知道正确的答案。学生很少提问。	学生发现他们感到好奇的真正的问题；这驱使他们学习，并进一步提出其他问题。
大多数问题都很简单，只有一个正确答案。	多数问题都很复杂，没有一个"正确"答案，但有多种可能的答案。
教师的提问着眼于教师选择的内容；对于许多学生来说，这些问题是无聊而且无关的。	学生可以选择学什么、怎么学。大多数问题都是有关真实世界的问题。
教师决定问题的回答正确与否。	学生决定他们是否正确地解决了问题或回答了问题，他们可以从自身、从合作的同伴那里、从他们重视的观点有价值的他人那里获得反馈。
学生很安静，多数情况是独自学习或者听教师讲。他们完成最低的要求，通常没有热情。	学生经常与人合作解决问题。因为同伴有不同的角度和观点，他们可能会进行深度分析。

> **思考与讨论** >>>
>
> 先独立思考并回答以下问题，再与同事讨论、合作进行探究。
> （1）根据表 3.1，反思学生课堂的提问经历和校外提问经历的对比。
> （2）思考课堂提问的哪些方式使得学生讨厌参与回答。
> （3）为了促进学生参与校内提问，你认为可以采用什么方法？

从影响参与的信念开始

　　课堂上要有优质提问，第一步是要考虑信念，并有目的地建立一种引导学生探究、相互尊重和主动参与的课堂文化。教师不能命令或单方面创造这种文化。这种文化（或行为方式）取决于所有参与人共同达成的协议。要使优质提问成为一种有价值的学习和思考方式，教师需要开诚布公，与学生分享他对提问、教学和学习的看法。教师可以鼓励和引导学生创造这种文化，即欢迎质疑、重视思维的多样性、期望所有人主动参与其中并给予所有学生时间思考和发言。

建设这种课堂需要想象力和共同的信念——教师、学生、家长和学校社区里的其他人共有的信念。"信念塑造行为"，里奇哈特这样写道（Ritchhart，2015，p.37）。例如，如果我们认为来自单亲家庭的学生很可能成绩落后，对他们就不会有过多的期望，那么这就会影响我们在一些细微方面的判断和行为。更令人不安的是，我们的信念和期望会影响到学生的表现。

我们很多人都能回忆起一项经典研究（Rosenthal & Jacobson，1968）。在该研究中，教师被告知，他们的一些学生（由研究人员随机选取的）是"失败者"（bloomers），但教师要期望这些学生来年会在学业上取得好成绩。根据研究结果（被认为是有争议的），这些学生做到了，实际上，他们取得了很好的成绩。研究人员得出结论，教师受到对这些学生"了解"的影响，对他们有了不同的期望值，随后鼓励他们在学业上取得了巨大的成绩。哈蒂通过他的元分析（Hattie，2009）发现，教师对学生成绩期望的效果量 $d=0.43$，仅仅略高于影响成绩变量的效果量的平均值。

意识到信念和行为之间的关系是做出改变的前提。多数课堂文化是通过习惯和惯例显现出来的，而不是通过有意识地打造。例如，如果教师相信"最后获得正确答案是重要的"和"成绩好的学生更可能给出正确答案"，那么，他就会像很多中小学教师那样经常叫成绩好的学生回答问题。因此，成绩较差的学生就不会思考这个问题或者准备回答，相信他们不会被点名回答问题。他们会在潜意识里认为，教师可能会叫某个目标学生回答问题，即期望给出正确答案的"惯例学生"。通过这种方式，教师的信念不仅影响了自己的行为，而且也影响了学生的行为。

这种课堂传达给学生什么信息呢？"只有少数学生能回答大多数问题。""在这样的课堂上，正确答案是很重要的。""一些学生不能回答我大多数的问题，我不会点名让他们回答问题，因为我不想让他们尴尬。"学生得到的另一种信息是"失败也没关系；不要再尝试了"。格洛丽亚·拉德森－比林斯（Gloria Ladson-Billings，2008）认为，这在城市里的课堂上是个普遍的趋势，教师让成绩低的非洲裔美国学生"自动退出"而不是"要求成功"。教师很可能不是有意地接受了这种信念，但是，我们经常在中小学课堂上发现这种信念指导下的做法。

停下来想想你自己的信念。我们认为，当让所有学生参与深思熟虑地回答问题时，有三个核心信念是相当重要的。第一个信念与教师要听听学生在思考什么有关；如果他们是对的，没问题；如果他们是错的，他们可能为全体学生的学习打开了一扇大门。第二个信念是关于我们是如何学习的；也就是说，学习是社会化的，当我们倾听他人及有机会发声阐述自己的观点时，会学得更好。第三个信念是，相信所有学生都有能力在合适的帮助下回答问题。

我们的信念建构了对学生的期望。当学生与我们同时接受这种信念时，当他们认可我们的期望时，其行为就会与我们的期望一致（想想"失败者"的案例）。当这种期望成为常规，它们就会发展成标准——我们在课堂上的行为准则——并形成课堂文化的基石。你的（和你学生的）期望在多大程度上与下列期望相一致？

- 我们期望所有学生做好回答每个问题的准备。
- 我们会倾听并尊重所有学生的回答。
- 当我们回答问题时，会说出我们的想法和理由。
- 通过发言和倾听他人的想法，我们会主动参与进来。
- 在回答问题之前，我们会先想一想。

加强课堂文化的实践

我们问过数百位教师下面的问题："研究表明，大多数教师叫成绩好的学生回答问题的频率高于叫成绩不好的学生回答问题的频率。你认为为什么会有这么少的学生参与回答问题?"

最经常出现的回答如下:

- 学生担心会犯错或尴尬;一些学生会感觉没有安全感和没有自信。
- 教师在寻找他们自己的正确答案,所以,他们让比较聪明的学生回答问题,这样所有的学生都能听见正确答案了。
- 时间压力;教师希望加快节奏得到最终正确的答案。
- 成绩不好的学生很可能不知道、没注意、在做白日梦或不感兴趣。
- 教师出于习惯叫某些特定的学生回答问题;很多时候,他们并没有意识到回答问题的不公平。

从这些回答中,我们至少可以明确四种观念以指导我们在接下来的部分中组织我们的想法,以便有意识地创造课堂文化来支持所有学生思考和回答问题。

> **思考与讨论** >>>
>
> 先独立思考并回答以下问题,再与同事讨论、合作进行探究。
>
> 再看看上面对"为什么会有这么少的学生参与回答问题"这一问题的回答。
>
> (1)你会如何回答这个问题?为什么?
>
> (2)你的学生会如何回答这个问题?你为什么这么想?

安全而没有风险的环境。首先,我们需要建立一个让学生感到安全的课堂环境,在这里,学生相信他们说的话会受到尊重,学生理解错误的回答对教师(使用错误答案识别错误的理解)和其他学生(回答也是错误的)来说都是有帮助的。这种安全的意识来自教师与学生相互关心的积极关系以及确信教师能够尊重学生的回答，而不是做出评判。创建学生与另一个学生面对面对话的机会（比如在"思考、结对、分享"模式中）能够帮助害羞和没有安全感的学生更加自信并愿意在更多的人面前发言。

积极的关系。积极的师生关系和积极的生生关系是让全体学生参与课堂提问的关键。虽然一些教师认为，这是教育"温情的一面"，但是，有力的研究表明，积极的师生关系可以提高学生的成绩（Fredricks，2014；Hattie，2009）。当询问什么会影响学生的学习时，学生和家长提到"关系"的频率远远高于教学策略（Hattie，2009）。哈蒂在定量研究中也发现了支持这种直觉的强烈的联系。师生关系影响成绩的效果量 d=0.72，在影响学生成绩的 150 个变量中排在第 12 位（Hattie，2012）。

我们深刻地记得，在一个"焦点小组"里，当我们问"为了帮助你学习，教师做了什么？"时，一个文静的高中女生回答道："我知道她关心我。她会叫我的名字，她也知道我妹妹的名字。"建立这种关系的一个简单的方法是发现学生的兴趣所在，就像第二章"师生协同"部分提到的："我们如何把新知识与已有的经验联系起来？"告知学生你对他们的想法、经验和志向很感兴趣并尊重作为个体的他们，这样通常会取得他们的信任并让他们有安全感。

不要只求正确答案。当我们提问时，如何表达想了解学生的想法而不仅仅是得到我们的答案呢？帮助学生学习的一个方法是，提出的问题不止有一个可接受的答案，不是拐弯抹角地引出"我们的答案"。这样，学生才会理解我们希望他们思考并准备对他们的回应进行解释。提出后续问题是为了更好地理解并探究学生思考背后的理由。还记得第一章中讲到的关于提问的"6P框架"吗？当我们提出问题并得到第一个回答时，提问并没有结束。学生通过我们对他们回答的反应会知道我们对他们的发言感兴趣（这个问题将在第四章和第五章进一步阐述）。

平等参与。为了开放课堂以便可以听见所有学生的想法，我们需要让所有学生准备回答所有问题，运用回应结构（每个人都有责任分享他的想法）

> 所以，当教师允许学生选择是否参与时——比如，允许他们通过举手回答问题——实际上会使成绩的差距变得更大，因为参与的学生会变得更加聪明，避免参与的学生则放弃了提高能力的机会。
>
> （Wiliam, 2011, p.81）

让他们参与进来。我们将有意识地公平地请学生回答问题，并在需要的时候帮助他们找出恰当的、完整的答案。我们不会叫举手的自愿者回答问题；实际上，我们会构建一种课堂规则，比如"除非提问题而不是回答问题，大家都不要举手"。这个实践充实了我们的理念，即当我们使用公平回应策略时，所有学生都能够回答问题。课堂上的所有成员都要尊重地倾听别人的回答，对于同学的思考提出问题并从中学习。

如何能了解哪些学生在课堂上发言次数最多？我们认为，录像、请同事观察记录哪个学生发言以及多久发言一次，是很有帮助的。如果不方便录像，你可以使用课堂图示（每个学生占一个方格）记录学生参与课堂对话的次数——提问题或回答问题，从中找出学生发言的模式，并与学生分享。或者，像我们认识的一位老师那样，你可以邀请学生观看上课录像，让学生记下他们自己以及同学的参与方式，并进行反思：这些发言方式是如何影响个人和班级学习的。

师生协同

我们如何创造一种让所有人通过发言、倾听和相互支持来学习的课堂文化？

当教师改变关于哪些学生回答问题的标准课堂"规则"时，目标学生与非目标学生都会受到影响。这样做以后，如果很少叫那些擅于口头回答问题的学生回答问题，他们会感到失望，而那些不习惯在课堂上发言的学生也可能会不适应。有时家长也要参与进来鼓励他们认为被"忽视"的或"对回答问题感到有压力"的孩子。

当你通过新标准选择回答者的时候，要与学生交流这样一个信念：我们是通过说和听来学习的，"学习是一种社会活动"。学生相信当有机会发言时会有更好的理解吗？他们能够想到或分享这样的案例吗，也就是，对他们在校内或校外的学习来说这都是真的？

告诉学生，在大多数课堂上，25%～30% 的学生从来不回答问题，另外有15%的学生回答了大多数问题。对于这些模式很可能影响着两组学生的学习与理解，他们是如何认为的呢？

要求学生以小组的形式解决以下问题：
- 我们如何确保所有学生都有机会发言？
- 我们可以做什么来让那些被迫发言的学生参与到课堂对话中？
- 我们每一个人可以做什么才会更加相信自己有能力在课堂上做出有意义的贡献？

学生会给出很多选择，把他们的选择整合进策略表中，这些策略可能包括：
- 举手提出问题——而不是回答问题。
- 准备回答所有的问题。
- 不要放弃回答问题；你可以从同学那里获得帮助，但是你有责任随后给出自己的答案。

告诉学生你正努力在课堂上建立回答问题的平等规则，你偶尔会记录谁发言，有时候是随机决定叫谁回答问题，有时候是观察全班后叫那些看上去准备好对其他同学的回答做出补充的学生回答问题。

有时，你可以找个学生记录下每个班级成员参与的频率，每当他们回答一次，就在他们的名字边上做个记号。在小组学习和讨论时，也可以找个人做这样的记录。重要的是不要老是提醒学生这样做的目的和原因。

> 让学生参与到确保课堂参与平等中来，鼓励同伴回答问题。有时，在全班讨论时，找一两个学生观察谁在发言、谁没有发言，建议这些观察者通过以下方式邀请那些没有回答问题的学生参与发言："胡安，你觉得卡莉的回答怎么样？"或者"我想知道其他人是怎么想的，约瑟夫，你愿意加入这个对话吗？"提供并与之讨论以下两个标准：
> - 确信同学参与到课堂学习中来，但是不要太多。我们喜欢听每个人讲。
> - 当你没有听到某个同学发言时，提出问题鼓励他参与进来，比如，"你认为那个怎么样？"或"我想听听你对此的看法"。
>
> 让家长知道你的信念和任何新的规定。与他们交流——在家长会、PTO（Parent Teacher Organization 的简称，即家长教师组织）/PTA（Parent Teacher Association 的简称，即家长教师协会）会上，或通过书信、电子邮件。解释一下为什么你不再使用叫志愿者回答问题的方式。

教师的实践深深受到核心理念的影响，引出学生的行为，并深远地影响着学生。有一个故事可以说明这一点。杰基的儿子威尔，似乎生来就是不同寻常的思考者。威尔在学校的表现情况，教师都会记录下来。两个教师对他爱好的反映，很能够说明教师的信念是如何影响行为的。在一次家长会上，他的四年级老师说："威尔总能找到不同的方式解决问题，可以说，他在思考。"他在这种课堂环境中表现非常出色。另一方面，他的初中老师说，即使他的答案出色（不是老师想要的答案），也必须认真听讲，给出"最佳"答案——也就是老师想要的答案。他不喜欢这种课堂，仅仅是在应付。幸运的是，威尔是个自信、成功的学生，他没有被这种经历摧毁。但是，后面这位老师的态度或许会影响缺乏自信、能力不足的学生。

教师要坚定地树立清晰的信念，即所有学生都能回答所有问题，并有意识地使用"轮流回应结构"。当教师提出问题并期望所有学生都愿意回答和有能力回答时，当他们提供结构给予学生在小组或全班的发言以支持时，学生才会相信教师想听到每个人的发言，教师不是在寻找一个"正确"的答案，每个人都能从不正确的和正确的回答中学到东西，自愿者不是唯一会被叫到回答问题的学生。

轮流回应结构帮助并促进学生的参与

在提出问题之前，教师需要清楚他们期望学生以什么方式做出回应。以书写的方式？通过手机或便签薄应用软件？通过与同伴交谈？或是使用我们几乎可以在每一个课堂上看到的最普通的方法：通过举手自愿回答以及被点名后回答？我们从研究中得知，在最后一种回应形式中，小部分比例的学生独占"广播时间"。为了避免在课堂上强化这种方式，教师要给自己提供多种选择。

在这一部分中，我们提供了替代传统回应方法的回应方式。首先，我们强调了适合建立基础（表层）知识和检查理解的策略。其次，我们提供了支持深度知识发展的策略。选择的特定回应结构应该与教学目标匹配并支持所有学生做出回应。附录中包括易于参考使用的可选择的回应结构概述。

为了建立基础（表层）知识与检查理解的回应结构

所有教师都知道很多使全体学生参与到课堂学习中的方法。然而，不幸的是，习惯、时间限制和"听到正确答案"的渴望经常阻止我们选择最合适的参与策略。我们来看几种教师在让所有学生参与建立基础知识时未充分利用或未适当使用的传统方法。

集体回应（Choral Responses）——对于学习基础知识和将来学习需要的知识是适合的，但不适合用于有多个正确答案的复杂问题。集体回应不同于"点名回答"（call-outs），我们认为，点名回答没有什么实际效果。因为（1）教师不知道哪个学生说了什么；(2)没有提供反馈或支架；(3)经常听不到所有答案。集体回应要精心计划，如此学生才能以小组的形式回答。通常，教师说明他希望学生在统一的时间内回答——在他给出回答的暗示后。教师提出问题，点头暗示所有学生都应该思考，然后压低手掌请所有学生集体回答。比如，所有一年级学生在老师说完"bear 这个词的第一个发音是 ＿＿＿＿"之后让学生集体回答。当五年级老师在评论美国早期的总统时，他会说"让我们一起说出前五位美国总统的名字。听我示意后再开始"。

示意回应（Signaled Responses）——适合有一个正确答案的问题。许多教师使用"大拇指向上""大拇指向下"或"大拇指向一边"表示"是""不是"或"不能确定"。马德琳·亨特（Madelyn Hunter，1978，个人通信）提倡使用与回应有关的身体信号。比如，教师说，"我要读一道数学题。如果需要用加法解题，摆出这个形状（用胳膊摆出加法的形状）；如果需要用减法解题，摆出这个形状（把一只胳膊横放在身体前）；如果需要用乘法解题，就用胳膊摆出 X 形；如果需要用除法解题，就把两只胳膊交叉横在身体前，两只手只在两只胳膊上下漏出大拇指，像个除号"。教师进一步通过以下问题检查学生对此的理解："如果给出的问题需要用乘法解决，你们要做出什么样的手势？"当教师问完问题后，用目光巡视全班看看有多少学生给出了正确的回应，然后选择一个学生回答后面的问题，比如，"告诉我你为什么选择这样表示"。对于多项选择题，学生可以通过举起 1～4 根手指对应正确选项的 1、2、3 或 4。

任务样本（Work Samples）——学生用手持白板、索引卡片或一张纸记录下自己的答案。当答案是书写下来的时，对所有学生参与回答是非常有用的。这个策略既适合只有一个正确答案的问题（如"写出制盐的化学反应"），也适合有多个正确答案的问题（如"想出三个形容词。写在你的白板上。当我发出信号时请举起白板。准备解释我大声朗读的词是不是形容词，并说明原因"）。

应用软件（Apps）——学生使用"Clickers"或"Plickers"软件回答多项

选择题，这些题需要在记忆或理解的认知水平上进行思考。每个学生都有责任回答问题；教师会立即发现回答的模式且识别出哪些学生回答对了、哪些学生回答错了。通常学生能即时看到结果，这会激励他们思考为什么自己的答案是错的或对的，他们也能准备证据为自己的答案进行辩护。如果没有电子工具，可以给每个学生几张写着 a、b、c 或 d 的索引卡片，让学生通过举起卡片以做出自己的回答。

当要求学生回答的问题只需要学生在低水平的认知层次进行思考时，教师可以使用"Quizizz"和"Kahoot!"软件使全体学生参与其中。使用这种技术工具，学生可以很容易地参与进来，因为这是他们生活的一部分。他们可以以小组合作形式或个别回答的形式回答问题。教师和学生都能立即得到反馈，教师可以观察单个学生或全体学生的结果总结。"Socrative"是教师用来进行形成性评价的工具。对于教师创建的开放式问题或多项选择题，都能即时收到答案。对于多项选择题，教师能看到个别学生和全班学生的答案——每个题目以对错记分。"Quizizz"和"Kahoot!"以及其他应用可以使教师在课堂上得到即时反馈，这些反馈满足第二章提到的标准（比如，学生在 2 分钟内回答，教师在 30 秒内分析答案）。

合作回应结构——适用于评价基础知识，也鼓励深度思考和理解。例如，为了快速评论事实和概念，教师可以使用"编号齐动脑"（Numbered Heads Together）。为了使用这个回应结构，学生以 4～6 人为一个小组，每个人进行编号。每个学生在开始回答问题时要说出自己的编号。教师口头或书面提出问题（如"太阳系中的行星有哪些？"），学生一起合作找出正确的答案。然后，教师逐一叫号（或者随机叫号），每组该号码的学生举手。教师选择一个学生回答问题并解释答案。教师也可能叫还是该编号的其他组学生也来发言，表示自己是同意还是不同意上一个同学的观点，或是否做出补充说明。

同样的结构可以用于准备学生讨论。教师提出一个开放式问题（如"恒星与行星的相似点和不同点是什么？它们各自的特点是什么？"），请学生在小组内讨论，然后通过叫号选择一个学生分享他的理解。如果把这作为全班讨论前的预热活动，就可以让更多的学生参与进来。每个学生都处在"预警状态"，但是因为有时间提前听了小组成员的发言，大家都会有一种安全感。

"思考—结对—分享"（Think, Pair, Share，或"思考—书写—结对—分享"）———种经常使用的回应结构，适用于不同的问题类型，可以使每个学生都能形成和说出自己的答案。首先，教师给出提示，留出时间让学生独立思考（或写出问题答案）。然后，两人一组，相互交谈并听取对方的想法。最后，所有学生准备与全班分享自己的结论、观察或问题的答案。为了帮助学生发展倾听技能，一些教师要求学生用自己的语言总结同伴的发言。这个策略可以帮助害怕在全班面前说话的学生，因为在全班面前发言前，他们有机会首先向一个学生说出自己的想法，并从同伴那里得到反馈，这样做能帮助学生更好地理解问题和他人的观点。

使学生参与深度思考的回应结构

如果让学生参与思考、讨论以及提问的目的是为了深化理解，那么教师可以使用多种回应结构让全体学生参与思考一个问题。下面简要说明几个案例，附录里还有其他案例。我们还推荐阅读《使思维可见》（*Making Thinking Visible*, Ritchhart et al., 2011）、《做自己学习的领导者》（*Leaders of Their Own Learning*, Berger et al., 2014）以及美国国家学校改革委员会（National School Reform Faculty）网站等的资源。

"我来表达"（Peoplegraph）——对于上面描述的简单的预先讨论活动来说，这是一个不错的备选方法。因为每个学生必须"表明观点"，所以许多教师喜欢使用这种方式。首先，教师提出一个包括有趣而富有争议的问题的观点，这一观点很可能会导致出现不同类型的观点。比如：

- 无论男性还是女性在军队里都能胜任每个职务。
- 威尔伯（Wilbur）应该与弗恩（Fern）待在一起而不是去她叔叔家，在那里，他遇到了夏洛（Charlotte）。

学生思考后，写明自己的观点——从强烈支持到强烈反对，然后站成一排，从一头站到另一头。所有学生都亮出观点后，相邻的学生一起讨论原因。然后，每个小组与全班分享他们的观点，引用证据为自己的观点辩护。

"用笔思考"（Ink Think）——可以让学生小组产生观点、对观点进行分类和命名不同的类别等。首先，学生先各自在中间有提示语的一张大纸上记下自己的观点。如果有多个问题，小组学生轮流阅读其他小组的答案并增加自己的想法。当学生用心学习时，他们会通过阅读他人的观点并对观点进行丰富和扩展来主动地"倾听"其他学生的观点。

数据展示（Data on Display）——一种可产生匿名的可视化观点和所有学生信念展示的结构（如图 3.1 所示）。数据展示能促进倾听的技能，帮助学生理解他人的观点。通过这个过程，在教师的帮助下，学生学会了如何澄清与对方相反的观点。在我们的社会中，很多方式被误认为是讨论，包括快速回应、对他人喊叫并提升自己的观点。在展示数据期间，课堂上的学生可以调

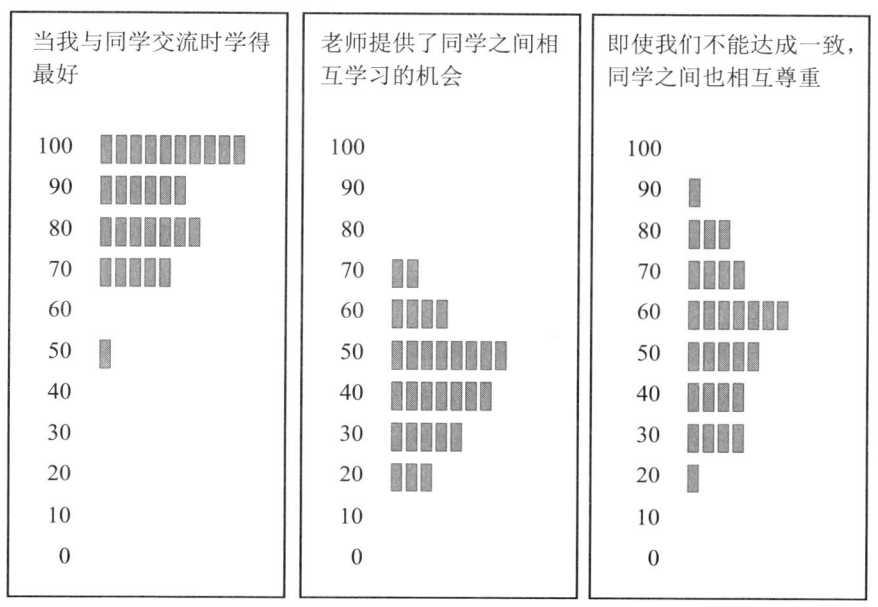

图 3.1　数据展示

查"班级"想法的意义,以超越他们个人的观点,通过分析以及提出问题和提示来拓展他们的理解。所有学生都以个别而安静的方式回答4～5个问题,并贴出答案,形成条形图以展示出全班的观点。学生评论条形图,找出模式和矛盾的观点;先是个别评论,然后是小组评论,最后是全班评论,学生根据问题和展示数据的提示解释结果。附录里有更加全面的对该过程的描述。

第二章中曾经提到,讨论包括课堂上的交流,但并不是每次交流都要有教师的参与。可以是学生相互交流,也可以是学生与教师交流,学生注意倾听并努力做出理解,在需要时提出问题,通过与同学一起进行有声思考来加深理解。在小组讨论中,学生必须精确地理解听到的内容,因为教师无法顾及课堂上所有学生讲到的内容。使用某种约定的轮流结构,让学生有条不紊地发言,互相倾听别人的发言,并用文本作为证据来提高小组讨论的质量。

有一个问题会限制全班讨论的有效性。虽然教师可以听到所有人的发言,但是在有25～35人的班上组织全班讨论时,教师就很难照顾到让每个人都发言。"鱼缸"(Fishbowl)或者"内圈－外圈式讨论"(Inside-Outside Discussion)策略是解决自由发言(在小组讨论中)缺乏监控以及无法听到所有学生发言(在全班讨论中)的措施。学生围坐成两圈,三分之一到一半的学生坐在内圈,剩下的坐在外圈。

学生通过指定的阅读内容、研究或其他学习策略建立基础知识;教师提出开放式问题;内圈的学生相互交谈,阐明观点和提供论证。在讨论的过程中,学生可以停下来先思考几分钟(参见第四章对思考时间2的讨论),评价自己和他人的想法,认真倾听以便理解他人的观点,提出问题以澄清见解,发表不同的观点。外圈的学生仔细听并做笔记,这样他们就能提供反馈。偶尔,外圈的学生也可以依次临时坐到内圈的空位置上提出问题或发表评论。

根据学生的年龄和年级,教师通常给予内圈学生15～20分钟的时间进行讨论。在给内圈学生提供反馈后,让外圈的学生交换位置移到内圈继续先前话题的讨论或者提出新问题。然后,学生反思他们各自听到的发言和自己的意见:哪些发言肯定了自己的想法?哪些新观点挑战了自己的理解?这种讨论如何深化或拓展了思考？

用一个词概括（Say-It-in-a-Word）——一种让所有学生参与积极思考所学内容的策略。根据"变化是如何发生的"这一基本问题，二年级学生准备讨论美国的种族关系。他们学习了圣雄甘地（Mahatma Ghandi）的"公民不服从"，美国南部的黑人歧视法——吉姆·克罗法（Jim Crow Laws）和马丁·路德·金（Martin Luther King）有关20世纪60年代公民权利运动的作品。当教师与学生坐成一个圈后，教师提出一个开放式的问题："想想你知道的所有关于马丁·路德·金的事情，你认为用一个什么样的词能最好地描述他的性格？"经过几分钟思考后，教师要求每个学生分享他们想到的词语。"我认为他是富于机智的。"一个学生这样说。"我认为他是令人鼓舞的。"另一个学生这样说。"我认为他是意志坚强的。"这是第三个学生的意见。在每个学生说完后，教师要求学生进一步拓展思路："告诉我为什么选择这个词？"教师以尊重而鼓励的口吻说道，"你说他是富于机智的是什么意思？"学生认真听取每个人的发言，并拓展自己的思考。

可以使用各种各样的技术支持深度理解。"Chatzy"和"Today's Meet"是两种实时聊天平台，可以在上课期间使用，也可以在课后作为家庭作业使用。"Padlet"和"Wallwisher"是两款应用软件，学生可以使用它们进行合作、讨论并产生观点。另外，这两种技术软件都允许学生请求他人的帮助（Palmer，2014）。"Padlet"可用于提出包含多种答案的有分歧的问题。为了回答一个问题，学生可以把观点（词语、短语或图像）按次序或以随机的方式贴出来。不管是对前测（"对于这个主题，我们知道什么？"）、复习（"关于这个主题，我们学过什么"？）还是头脑风暴（"我们如何解决这个问题？"）来说，这都是一种很好的工具。你可以在网上检索有关的用法说明；大多数教师认为它使用起来非常便利，认为它能产生深度而丰富的思考。学生会使用"Padlet"是因为他们对技术的着迷。为了使学生能够在高水平的认知层面理解问题，应该倡导学生从回答中归类出"主要观点"。这有助于学生比较与对比、分类与分析、总结和归类等学习技能的发展。

"Schoology""Edmodo"" Voice-Thread"和"Blackboard"都是在线讨论应用软件。在一项研究中，大学教授使用"Blackboard"上讨论课（Persell，2004）后，与课堂讨论相比，参与讨论的学生增加了。教师发现，学生之间的相互评论也有显著的增长，这些评论是对他们已写出的观点的看法。最重要的是，教师和学生从在之前的课堂讨论中保持沉默的学生那里学到很多。教师发现，采用在线讨论时，与课堂讨论相比，学生更可能对同学的评论做出回应，并与指定的阅读作业建立起联系。

轮流回应结构的作用

"同伴学习产生的作用巨大，无论是以合作的方式还是以竞争的方式。"（Hattie，2009，p.214）哈蒂通过元分析发现，合作学习活动（相对于个人学习）会对学习产生影响（d=0.59），在影响成绩的150个变量中排名第28位。通过对1990—2016年的文献进行研究，斯诺等人（Schnorr，Freeman-Green，& Test，2016）发现，使用轮流回应策略能增加所有学生参与回答的机会。他们说明了学生学习的提高与轮流回应策略使用的相关性。特别是，他们发现，使用简单的回应卡片就能提高测验成绩和参与率，减少学生的分心行为。

遗憾的是，我们发现，课堂实践远没有达到理想的结果。尽管可以从合作学习中获利，弗雷德里克斯（Fredricks，2014）报告说，只有7%的课堂时间用在了小组活动中（p.40）。她反驳了一种关于学生不参与课堂的神秘理由：同伴合作不利于学生参与课堂活动（p.8）。如果学生在一起讨论今天的足球比赛、新的宠物、最新的电视节目或者与教学内容无关的主题，这个论点当然是对的。但是，当学生讨论与教学内容有关的主题时，弗雷德里克斯认为，与同伴合作的机会实际上支持了学生参与课堂活动。

许多合作回应结构使用一种约定来帮助学生关注内容、倾听他人观点并平等参与。在教师的帮助和训练下，学生成为小组的一部分，认为自己有责任来分享自己的观点。

> 教育在本质上是一个社会化的过程。
> （Dewey，1938，p.58）

给学生提供与同伴交流和讨论的机会不仅能促进学生的参与，还能促进他们的理解。实际上，通过与同伴的交流，学生更可能在以后的时间、不同的背景下记住和使用信息。

在附录中，我们提供了促进学生参与思考与回应的多种类型的回应结构。附录中的第一个图表呈现了对于应用某个结构来说最合适的教学目标。选择适合的回应结构使最多的学生参与课堂学习是备课的关键部分。当我们没有思考提问过程的这个维度时，我们通常就只采用依次叫学生回答问题的方式——一般是谁愿意举手回答问题就叫谁。

> **思考与讨论** >>>
>
> 先独立思考并回答以下问题，再与同事讨论、合作进行探究。
> （1）在你的课堂上，回应结构的使用是如何促进学生参与课堂的？
> （2）你使用了本章或者附录中提到的哪种回应结构？结果如何？
> （3）你还使用了其他什么回应结构以使更多的学生参与课堂？

提出问题

优质问题的提出是如何促进学生的好奇心、思考和参与的？许多学生认为，当教师提问时，他们期待听到预先设定好的答案。一名高中生这样说道："很多问题只有一个正确答案。即使问题不止一个可能的答案，教师头脑里也会有一个特定的答案；他们不想听你的想法。"这种教师行为与 J. T. 狄龙（Dillon, 1988）的建议是背道而驰的。狄龙是有效提问的长期研究者。他劝告我们，"要对学生的答案感兴趣"——不是有兴趣听到"正确的"或"期望的"答案，而是学生想出的答案（p.67）。否则，狄龙说，"问题和答案一样都是乏味无趣的"。

如果我们提出问题时抱着对学生的回答保持兴趣的心态，我们就能知道他们的想法。我们能够帮助他们从错误的想法和答案中学习。在第四章中，我们将探索这种"带着兴趣听"对教师理解学生对内容的掌握和思考过程的重要性。带着兴趣提问的教师会进一步提问以帮助学生注意提问背后的思考过程。但是，只有当我们提出问题并准备听学生回答问题时，这个兴趣才开始显现出来。除了"带着兴趣提问"这一重要建议外，狄龙（1988，p.100）还主张可以通过以下三个步骤提出问题：

- **带着兴趣提问**。说慢点，突出重点，有时候还要有一些戏剧化的成分。努力提出问题与做出回答一样重要——要精心推敲用词、注意提问时的口头语言。对于提出问题，我们使用了"呈现"（present）一词而不是"设问"（ask）一词，是因为"呈现"一词更能突出意向性——就像陈述报告或给予一个礼物；而"设问"（如"问路"）一词暗示是有一个简单而正确的答案的。
- **在提出问题时，要停下来想一想**。教师以陈述开始，交代提问的背景，然后停一下，让学生能跟上教师的思路。教师或许要巡视全班，看看学生是否感兴趣并与多个学生进行目光交流。这传递了教师对学生接下来的回答感兴趣。如果问题很长，教师可以再次停下来，以表现他对可能回答的迷惑、好奇和深思。
- **提问后停一下**。在提出问题后停一下（思考时间1）有两层含义：这个问题是值得思考的；每个人都有足够的时间思考答案，如果被点到名，就有责任回答问题。在思考时间1期间，以鼓励和期望的眼神望着学生，在课堂来回走动以走近学生，帮助他们聚焦问题、思考问题。

提供思考答案的时间：思考时间1

提出优质问题后给学生充足的时间进行思考，是另一个增加学生参与度的重要方式。研究清晰地表明，使用"思考时间1"——提出问题后停3～5秒——会使更多的学生回答问题，学生给出的答案更长，并会给出支持答案的证据，思维的层次也更高（Rowe，1986；Tobin，1987）。当教师持续给学生时间思考问题时，他们就教会了学生尊重问题以及自己给出深思熟虑的答案的能力。在这一部分中，我们将仔细地来看看"思考时间1"。

对课堂问题的回应通常被看成是"事件"（event），但是给出最初的回应至少需要四步"过程"（process）：（1）听清问题；（2）理解问题；（3）自我回答；（4）大声回答；（5）重新思考并完善答案。前四步是回答问题所必需的，如图3.2所示。第五步将会在第四章中进行探讨，届时会考虑如何促进深度思考和对回答做出细致加工。

第一步要求学生仔细听清提出的问题。如果他们不注意听，就不能正确回答问题。实际上，对于第一步的失误在多大程度上会造成一些错误的答案或在课堂上听到的"我不知道"回答，我们在第四章会更多地讨论这一问题。

我们通常会忽略必需的第二步——理解问题。学生不仅必须解释问题的意思而且要说明回应需要的思考水平（见第二章"师生协同"部分"如何知道一个问题促使我们追求达到的思维水平"，帮助学生理解回答不同认知水平问题需要什么的建议）。

一些学生理解问题花费的时间比其他学生要多。理解字面意思的学生可能不能抓住问题含义的细微差别。与通过语言组织思考的学生相比，进行内在信息加工的学生需要更多的思考时间。文化背景不同于教师的学生或许要解决词汇、语法结构和教师表达方式方面的问题（White，出版中）。英语为第二外语的学生比英语是其母语的学生用时更长，这些学生必须首先把问题翻译成自己的语言才能明白问题的意思。努

图3.2 作为过程的回应
（资料来源：Gall，1984）

力做到使问题清晰而简洁——也就是，在措辞和语法上多多用心——是减少学生在回应过程的这一步困难的一种方法。

回应过程的前两步要求的是倾听和解释。第三步是自我回答。如果问题要求学生识记或回忆信息，他们就要在长时记忆中找到合适的信息。为了帮助学生和教师理解需要时间思考如何做出回应，玛丽·巴德·罗（Mary Budd Rowe，1986）把回答问题的过程比作发现储藏在仓库里的东西的过程。问题被装载在一楼的货运电梯上。电梯运行到合适的楼层（花时间），然后学生希望发现"箱子"（大脑的区域）——答案储藏的区域。一旦建立联系（找到信息），答案装载到电梯上（从大脑中）被运送到一楼（到嘴中），在这里被卸载（说出）。

如果问题是要求在超出基本的回忆水平上思考，那么学生在第三步就要开始思考答案。学生想出和准备说出答案，独特的理解、新的应用或分析——不只是在记忆中找到信息。在第一章中，我们对思考有个简单的定义："建立联系"。为了思考问题，想出深思熟虑的答案，学生必须在长时记忆中找到与问题有关的信息，并把信息提取到问题所在的短时记忆中（Willingham，2009）。换句话说，在回答问题的第三步，为了给出深思熟虑的答案，学生必须把新信息与长时记忆中的已有知识和个人经验"联系"起来。

第四步，大声回答。这是教师最关注的一步。除非教师通过轮流回应结构使学生参与了回应，否则第四步就会是只有一个学生参与课堂回应，在这一步，每个学生的自我回答（产生于第三步）会得到表达和澄清。因为只有通过大声说出想法，我们才能理解得更清楚，合作回应结构可以让更多的学生有机会参与这一步，这就产生了思考的第二个定义："形成个人理解"。

当我们把"回应"看成是多步骤的过程时，很明显，它是要花时间的。花费时间的多少取决于问题的难度与复杂性，还有学生思考和加工的方式。我们能做的最有效的一件事——也许是最困难的——是听从狄龙对于提出问题的最后一步的建议：提问后停一下；饶有兴趣地看着学生；保持安静。我们必须抵制诸如重复问题、用不同的词汇重新提出问题、请一个不想回答的学生来回答、教师自己回答问题、或在等待时间1讲话等做法（Rowe，1986）。我们喜欢把这一暂停称为"思考时间1"（Walsh & Sattes，2015a），它传递了在这个时间内要做什么。教师和学生必须确保在提出问题后有这么一段沉默时间。如果我们希望学生有足够的时间思考问题，就不能允许学生举手回答问题或喊出答案。

玛丽·巴德·罗在中小学课堂上做关于科学教学的研究时发现了沉默的价值。当她在听课堂互动的录音时，她注意到教师的提问很少。实际上，她意识到学生的发言都是很简短的——他们只给出答案而不是回答问题。在有学生提出问题的少数课堂上，她发现，有一个显著的不同之处。在这些课堂上，教师偶尔会停下来不讲，会有规律性的、简短的沉默。

罗把这些沉默时间称为"等待时间"。她确定了沉默时间的两个关键点：（1）等待时间1——提问之后，学生回答问题之前；（2）等待时间2——学生回答问题后，教师或其他学生对此做出评论或回应之前。研究者一致发现，在教师提出问题后、点名让学生回答问题之前，教师等待的时间不超过1秒。如果学生已经学过对应的回忆水平的材料，那么1秒钟足够了。但是对于优质提问，如果是超出了回忆水平的问题，罗建议至少需要3～5秒钟来思考优质回应。

韦斯特伯格等人（Westberg, Archambault, Dobyns, & Salven, 1993）通过研究发现，在教师提出的问题中，只有5%的问题在提出后停留了3秒钟或以上。在他们的研究中，大多数问题处于记忆或领会水平，或许都不需要额外的思考时间。另一个研究证实，思考时间是必需的，但不是常见的做法，几乎一半的学生在被采访时说，无论在小组还是大组里，他们都没参与过讨论，因为其他同学说得太快了，他们还没有想出答案呢（Mack，2012）。

思考时间1必须与提出问题的复杂性相匹配。根据威廉（Wiliam, 2011）的引述，雷格（Wragg）和他的同事发现，小学教师提问的半数以上的问题都是管理方面的问题（比如，"作业完成了吗？""带书了吗？"）。回答这些问题是不需要思考时间的。另外三分之一的问题只需要简单回忆信息就能做出回答。不到 10% 的问题需要思考或者会促进新的学习。这些数据或许能说明，为什么很少有教师在课堂持续而又有规律地使用思考时间 1。另一方面，一些问题需要超过 3～5 秒的思考时间。例如，当教师要求学生分析几个文件时，他们需要 5 分钟来思考、反思，或许还要通过记笔记来帮助组织思考。

思考时间 1 的做法很简单，但是要养成习惯并不简单。有形提示是提醒学生和教师自己在提出问题后暂停一会儿的非常有用的方法。我们建议使用有形提示（比如，举手、用手指着头表示"正在思考"，或使用图 3.3 所示的停止标志）来表示"思考时间"。这种提示不仅可以提醒学生思考，也可以提醒教师暂停。

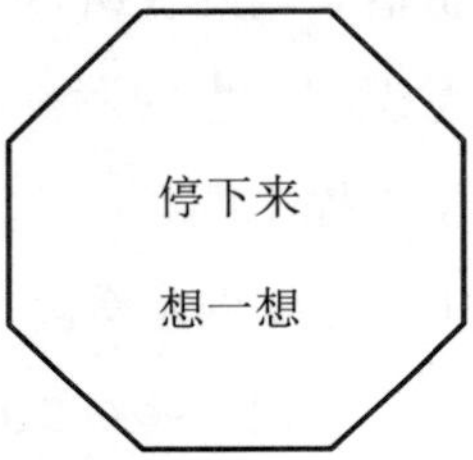

另一个提示是在课堂里以招贴的形式提醒学生和教师在沉默时间应该做什么（如表 3.2 所示）。

图 3.3　有形提示

表 3.2　思考时间 1 的步骤：教师提问后要做什么？

1. 仔细听清问题。
2. 想想问题问了什么。
3. 利用沉默时间自己想想问题的答案。
4. 不要举手，等待被教师点名回答问题。
5. 准备在全班面前回答问题。
6. 如果你没有被叫到回答问题，那就仔细听同学的回答并思考他的答案。

［注：许多教师会在教室贴上图画，如"跳房子"图片（如图 3.2 所示）来帮助学生记住回答问题是个过程。我们观察的一位二年级教师告诉学生，要在思考后回答问题——学生会主动在回答之前先思考。在讨论时，她把学生的注意力转移到图片上，指着每一步说："我们来看看关于这个思考时间的提醒。我们都仔细听清了提出的问题。我们也明白了问题是在问什么。我觉得我们应该在第三步多用点时间：思考一下问题，默默地想想答案，然后再大声讲出来。让我们多花点时间在这个过程的第三步上。"］

师生协同

在提出问题后的沉默时间里我们应该做什么？

成功使用思考时间1需要学生的主动参与和合作。因为在大多数课堂上，提问后暂停一下让学生思考并不是一个常见的做法，学生不熟悉这种做法，或许觉得"沉默"并不容易。许多成绩好的学生有竞争意识，"抢着"回答问题，他们都想第一个举手被叫到。

教师要帮助学生理解什么是"思考时间"以及为什么它如此重要。创造图示或让学生自己创造提示以提醒他们自己或在班级里展示。讨论基于研究的思考时间的好处（第四章里有说明）。最重要的是，确定学生知道在暂停时他们要做什么（如表3.2所示）。提醒他们：

- 思考一下问题，理解问题问的是什么。
- 搜索长时记忆中与问题有关的内容，然后确定自己的想法和理由。
- 默默思考答案，准备大声说出来。
- 继续思考问题和答案，补充和澄清相关的答案。

向学生示范说出这个思考过程，使用正在学习的相关问题让你的思维可见。然后，将学生分成两人一组，向他们提出问题，要求他们与同伴进行有声思考，练习有意识地花时间思考如何做出回应。

指定回答者

详述中的回应

我们可以把传统课堂上的提问与棒球比赛做一个类比（如图3.4所示），教师从投球区"投出"问题，"接球"，充当裁判（评估答案），打所有的垒和外场位置。("投出"答案，随后"扔出"问题，找回"界外球"等）。同时，传统课堂上的学生在做什么？多数情况下，他们坐在休息区的板凳上，起来"击一下球"（回答问题），然后返回休息区之前再击一下。他们很少"跑垒"。在大多数课堂上，特定（"目标"）学生要比其他学生击球的频率高；其他学生从来没有离开过板凳。

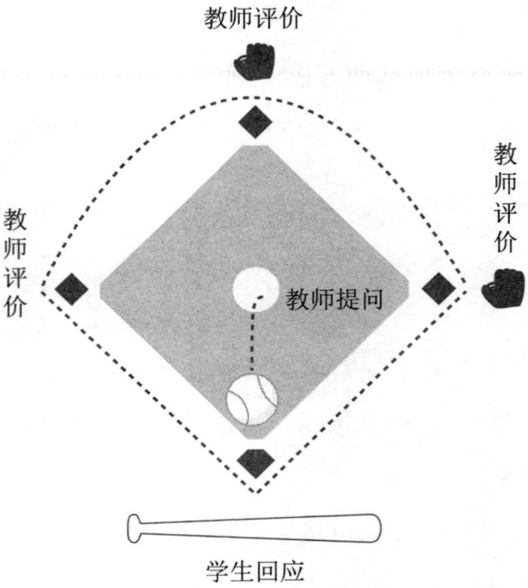

我们怎么使学生主动参与比赛呢？要鼓励他们提问题，让他们投球。建议他们评估自己或其他人的答案，做裁判的角色。让他们现场感受同学的回应（之后的问题是要求澄清和解释）。鼓励他们做出真实的回应，是同意还是不同意（在他们把球投向其他内场手时）。由于使用合作回应结构，学生不会依次击球；相反，他们以小组的形式合作达成目标，与篮球、橄榄球和足球比赛一样开展团队合作。

图 3.4 传统课堂上师生在提问中的角色

你通常在开学的第一天就会找出目标学生——如果允许学生自己选择座位。贝丝的儿子迈克尔升入了高三，第一天放学回家后，他显得特别兴奋。他解释道："因为老师没有安排座位，我就坐在了第一排。"贝丝假装什么都不知道地问道："迈克尔，为什么你要坐在第一排呢？"他回答说："妈妈，我今天回答了 5 道题！"贝丝停了下来，迈克尔继续说："我想让老师知道我是谁，想让她知道我的名字。"迈克尔知道怎么"玩转学校的游戏"。贝丝猜想，大多数迈克尔的朋友会坐在科学课后面的角落里，希望不被老师看到。

当可以选择时，目标学生会像迈克尔一样选择坐在教师容易关注的位置。事实上，活动区域研究表明，学生在课堂上的位置决定了教师与学生交流的程度（Saur, Popp, & Isaac, 1984）。一项研究通过对 32 堂数学和社会课的研究发现，大多数口头交流来自坐在前排和中间位置的学生（如图3.5所示）。研究者把这种不成比例的T形区域称为交流的活跃区，并认为占有这些位置的学生与教师有更多的交流，原因是他们易于被教师立即看到（Adams & Biddle，1970）。虽然这项研究过去很久了，但是，我们注意到，在桌椅是按传统的方式直线摆放的课堂里，其交流方式还是跟传统一样。

我们把轮流回应策略作为打破交流活跃区的一个方法。还有什么其他的提问实践也可以达到这个目的呢？首先，在点名回答之前先把问题提出来。当我们说"保罗，世界上的七大洲是哪些？"时，我们可以确定，在这样点名后，大多数学生（除了保罗）都开始不听讲了。这个策略不像曾经那样使用普遍了，但是我们偶尔还能看到它的踪迹。下面这种吸引全班注意力的策略

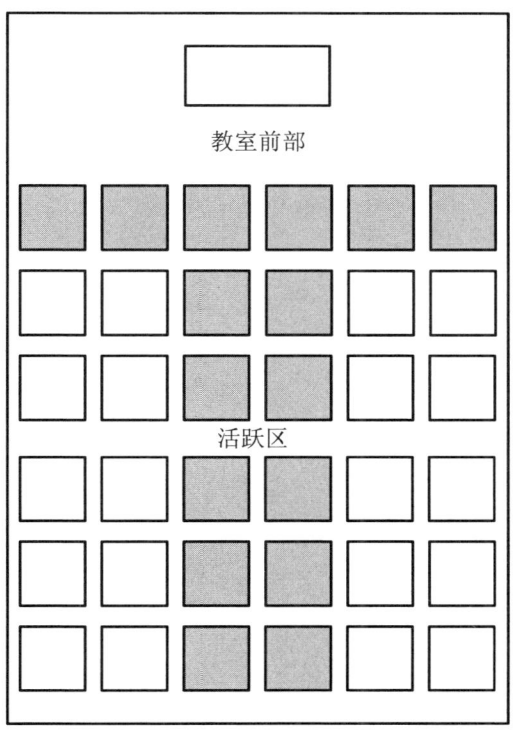

图3.5　**教室中的活跃区**

（资料来源：Saur et al.，1984）

更有效。教师可以说："我有个问题，我很想知道对我们已经学过的世界上的七大洲，你们都记得什么。"（停下来扫视全班，与学生进行目光接触）"其中一个大洲是什么？"再次暂停一会儿，观察学生的反应，"保罗？"这样，所有的学生都会保持警觉，思考着答案而不是对问题"置之不理"。

许多教师使用上面写有学生名字的雪糕棒或者压舌板来确保随机叫学生回答问题。提出问题后，短暂停一会儿，教师点名让一个学生回答问题。很多教师喜欢在提出问题后把雪糕棒或压舌板放回罐子里，以便使所有学生都做好准备。还有些教师用图表记录下全班学生，然后把图表插入到一个塑料夹中，在上面用记号笔标注回答问题的学生的名字——使用一些随机系统，但是要保证不能遗漏任何小组的成员。

另一个受欢迎的方法是使用可供利用的随机数字或名字生成器应用软件来决定让哪个学生回答问题。一位六年级数学教师最近向我们说道："我的学生喜欢随机数字生成器。他们每次都迫不及待地想知道自己是否会被叫到。当自己的数字没有出现时，他们还会抱怨。它帮助学生真正理解了'随机'的概念。"现在，这位老师经常随身带着手机，学生可以一年都使用相同的数字，也可以每天或每周变换数字。一些高中教师会给每个学生发一张扑克牌，组合成一套，然后通过切牌选出一张，以此来选择回答者。

一旦我们主动要为学生公平参与回答提供机会，我们就可以采取很多步骤。比如：

- 有意识地在课堂里来回走动。提问时要不停地变换位置。
- 让参与少的学生坐在显眼的位置。最好让他们坐在活跃区。
- 座位定期轮换（比如，每周一次），这样所有的学生都有机会在一定的时间坐在教室前面。
- 评估教室桌椅的摆放。桌椅的摆放是否让所有学生都能看见教师和其他学生？许多教师将传统的桌椅摆放形式改成3～4人一组的小组围坐式，这样有助于小组合作学习，也利于他们在班级的活动。还有些教师喜欢

U 型的桌椅摆放形式，这样就会有三排学生，便于教师接触所有的学生。
- 把轮流回应结构纳入到备课中，以打破依次点名叫学生回答问题的习惯。
  提示：要成功地使用某个特定的回应结构，就要先提前教会学生，让他们加以练习，在他们熟悉了新的回应结构后再使用。

讨论中的回应

上面描述的单一学生回应模式通常都与传统课堂上的详述联系在一起。当我们想让学生进一步深度思考时，我们需要帮助学生了解与详述相反的讨论是什么意思。在讨论中，不是由教师点名让谁起来发言；相反，是学生自己加入正在进行的讨论，这往往是在发言出现空隙时他们自然加入（如表 3.3 所示）。讨论包含自发的"借题发挥"（piggybacking）和提出问题以引出一个例子或者澄清说话者的意思；对教师来说，试图控制这种自由变换方式是不合适的。

然而，教师可以安排好讨论以确保讨论是富有成果的。我们（Walsh & Sattes，2015b）认为，许多小组结构能帮助学生学会如何更好地参与讨论。有些结构可以确保所有人系统地参与，因此能够帮助学生学会聆听同伴的发言。这些小组结构是由学生而不是教师做出安排的，所以学生可以学会自己管理讨论，做出反思并制订改进的目标。

最重要的是，在讨论中，教师要帮助学生有责任地"听取"他人的观点，因为我们是从他人的观点中学习的。鼓励学生自我监督发言的次数和长度，以便做出合适的回应而不是垄断发言。要帮助学生记住，他们有责任鼓励那些不发言的同学发言，可采用的方法是，在讨论中饶有兴趣地了解他们对某一问题或难题的想法。

表 3.3　传统课堂发言与讨论的比较

传统课堂发言的特点	讨论的特点
● 目的是掌握知识或技能。 ● 大多数问题有单一而正确的答案。 ● 学生的答案要经过教师的评估。 ● 学生主要对教师讲。 ● 教师问大多数问题。 ● 教师决定由谁发言和在何时发言。	● 目的是深度理解。 ● 问题是开放的,有多个正确答案。 ● 学生评估自己和同学的回应;教师限制做出评估性反馈。 ● 学生与教师、学生与学生之间彼此倾听和交流。 ● 教师和学生都可以提问。 ● 所有学生都是发言者和监督者,人人参与。

本章整章内容都在探讨让学生有公平的机会参与思考和回答问题的方法,比如,通过建立高期待的课堂文化、提出问题后对学生的回应表示出兴趣、在详述和讨论中使用轮流回应结构、给学生充足的时间思考和得出答案等。第四章,我们将继续探讨如何引发并促进学生的思考。在学生做出回应后,教师和其他学生可以做什么才能支持学生继续思考?

复习与思考

我计划让所有学生都参与回答问题吗?

提问实践	反思问题
反思课堂规则和期望	● 我可以用什么方法与学生一起建立一种支持学生深思熟虑、公平参与的高期望的课堂文化? ● 我怎么知道学生是否了解教师期望每一个人都来回答问题? ● 学生在多大程度上彼此尊重地听对方回答问题,从正确和错误的答案中学习? ● 我用什么方法监督所有学生的参与并使他们感到有责任主动参与回答问题? ● 我有什么证据表明所有学生都知道错误答案也能帮助每个人学习?

续表

提问实践	反思问题
明确回应结构	● 如何有意识地选择与教学目标相匹配的回应结构？ ● 学生在多大程度上通过合作结构、写作、小组或大组讨论等不同的方法回答问题？ ● 学生是否熟悉我们使用的每个回应结构的规则和过程？
提出问题	● 学生在多大程度上主动倾听问题？ ● 当我提出问题后，我如何表达对学生的回答感兴趣？ ● 我如何监督所有学生主动参与课堂以及关注那些不参与的学生？
提供思考答案的时间	● 我如何监督在课堂上常态化地使用思考时间1？ ● 我如何有意识地给所有学生（包括成绩好与成绩不好的学生）提供同样的思考时间1？ ● 学生在多大程度上重视沉默时间和理解思考时间1的价值？ ● 我如何证明学生在回答之前在思考？
指定回答者	● 在提出问题和提供时间让学生思考后，我叫一个学生回答问题的频率是多少？ ● 学生在多大程度上理解和遵守了"不举手"规定？ ● 我如何知道学生一直对回答问题保持警觉？ ● 我是否给成绩好和成绩不好的学生同样的机会来回答同等难度的问题？

第四章
促进思考
教师如何帮助学生建立联系?

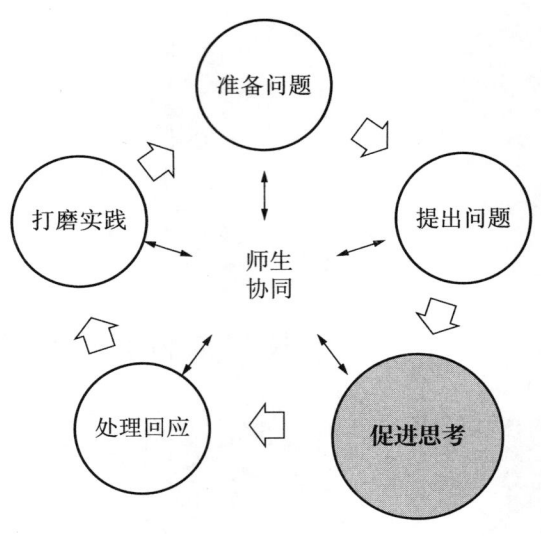

焦点问题

（1）如何帮助学生理解在自己或同学回答之后保持沉默进行思考的重要性？

（2）可以采用什么方法来帮助学生通过提取长时记忆中的信息来得出答案？

（3）学生给出初步答案后，如何帮助学生纠正错误，扩展学习和深化思考？

  支架是给予学生的帮助，即根据学生自身的需求，帮助其达到特定的目标。好的支架有助于学生的学习。例如，告诉学生如何做或帮学生做可能会帮他们直接达成目标；但这并不是支架，因为学生没有积极参与知识的建构。相比之下，有效的支架可以提供提示或线索，帮助学生解决问题。

  ——R. 基思·索耶（R. Keith Sawyer），《剑桥学习科学手册》
（*The Cambridge Handbook of the Learning Sciences*，2006，p.11）

  一个二年级的学生正在努力理解一个新概念。老师给他足够的思考时间，然后开始温和地给予提示。学生最后给出了错误的答案。老师站在旁边，提出更多的问题让他进一步思考。当老师继续与这个学生互动时，其他学生都很安静，认真倾听。最后，看起来似乎过了很长时间，实际上还不到1分钟，学生微笑着，眼睛里突然闪过一道光，给出了一个正确的答案，并说道："卡斯尔伯里太太，谢谢你帮我理解这个问题。"

阿拉巴马州蒙哥马利的一位老师，乔特·卡斯尔伯里（Joette Castleberry）在开始评估和调整课堂上的提问过程四年后，跟我们分享了这个故事。对于这个特定的课堂时刻，她反思道：

> 在接受优质提问训练之前，我不会采用这种方式与一个学生坚持交流。掌握这个方式对我来说很难。但现在我相信这是老师促进学生学习的最重要的方式之一。

如果我们真的相信"所有学生都可以回答所有问题"，那么我们至少要有意识地做三件事来推动这一目标的实现。首先，我们准备并提出优质问题——让学生思考与学生有关的、对他们来说有意义而值得思考的问题。然后，我们选择回答方式，让所有学生都思考和回答问题。最后，正如卡斯尔伯里老师所讲的课堂上的那个例子，我们提供足够的时间和适当的提示，以便学生给出完整的答案，包括一些错误的答案。

本章重点介绍教师如何帮助学生完成提问过程的第三步。所有这些做法都遵循第二章中介绍的要求：当一个问题提出时，我们想倾听学生自己的想法——而不是他们认为的我们希望他们说的内容。与这一课堂规范相关联的就是第三章中介绍的狄龙的格言："要对学生的答案感兴趣"。教师要想方设法在课堂上形成一种安全的文化——一种建立在师生之间互相信任、尊重和关心基础上的课堂文化。教师具体的实践包括：（1）使用明显的口头提示与线索来帮助学生发现重要的联系；（2）静心等待，让学生有充足的时间思考并给出自己的答案；（3）帮助学生阐述想法，揭示错误的推理，提供文本依据；（4）促进学生思维的拓展，加深他们对知识的理解。

回答问题时采用"无退出选择"策略

如第三章所述,我们认为,教师应该明确规定每个学生对每一个问题都要用心做出思考,并准备好在合适的时候进行口头回答。对许多教师来说,这样的要求会让他们感到不知所措。一位教师这样说道:"如果我让学生回答问题,但他们不想回答或者不知道答案时,该如何与学生保持温暖、关爱和友善的关系呢?一些学生不敢在全班同学面前发言,我不希望他们感到尴尬或不舒服。"这位低年级教师的期望可能会影响成绩较差学生的课堂参与度。正是因为这一点,许多教师往往不愿意向城市学校中低收入的非洲裔美国学生提问(Ladson-Billings,2008)。结果,很多学生的成绩都受到了影响。同样,我们的个人经验也表明,农村学校的教师通常都不太会让那些非常害羞、不习惯公开发言的成绩较差的学生回答问题。

虽然我们的本意是好的,但是在让学生"轻松过关"的同时,我们也向学生传递了一个微妙而有害的信息:"我认为你回答不出来。你不够聪明,无法解决这个问题。让我们请另一个学生来回答。"选择坚持让一个学生回答,还是让学生"轻松过关",都会反映出我们的想法:所有学生经过适当的帮助都能给出正确答案吗?我们愿意建立一个包容错误答案并视其为学习的有效途径的教学环境吗?里奇哈特(Ritchhart,2015)主张,教师要保持"'激发思维'的态度……意思是,激发、推动和促进学生思考。不能让学生头脑中留下一知半解或者毫无根据的东西"(p.219)。

我们要有耐心,足够敏感,慢慢引导、启发学生。如果学生知道我们尊重并认可他们的努力——帮助他们理解(或矫正答案)——就会对我们促进他们思考和回答的努力心存感激。思考下面这则来自宾夕法尼亚州格林斯堡二年级教师金·斯温克勒(Kim Swankler)所述的案例,思考她的行为给这位困惑的学生所传达的信息。

我给学生出了一道数学题,并用投影仪给出了一些学具。一名学生在黑板上写了一个(正确的)答案:$2 \times 8 = 16$。我让另一个学生戴维来解释答案,看看他是否明白这道题了。戴维来到黑板前,看着等式但不会解释。我可以很容易打断他的思路,给出他正在寻找的答案,或叫其他学生给出答案。但是,我觉得应该让戴维负责答好这道题。他想了一会儿,请求搭档给予帮助。搭档也说不出来。所以他们两人让另外一个男孩来试试。他解释说,这个等式是两个8相加的结果。但是后来我听到戴维轻声说,"一个8和一个7"。

我意识到他数错了学具。他没有看到两个8;他只看到了一个7和一个8,难怪他没有思路。如果我没有让他来具体解释一下答案,他和我都不会认识到他的错误。我们大约花了10分钟,但这是非常值得的。其他学生会怎么看呢?他们会觉得无聊或厌倦等待吗?整个班级都参与进来了,因为大家都知道戴维会"让朋友来帮他",其他学生都做好了帮他的准备。

当第一个男孩在黑板上写出正确答案时,许多人都会舒一口气。我们会认为这个答案是正确的,并转到下一个问题。但是金选择进一步了解学生是否真正懂得了乘法的概念;她对学生学习的过程感兴趣,而不是仅仅得出正确的答案。当戴维解题有困难时,我们应该做什么?大多数人会提供答案;或者提供一个引导性问题,得初我们想要的答案;或者让另一个学生帮他回答。戴维并不会感到尴尬,因为他知道同学正在认真倾听。大家都保持着尊重的态度,并思考"为什么戴维不明白这一点"。金指出了一个阻碍戴维得出正确答案的误解。她用简单的策略让学生得到协助,担起回答的责任。"在我的班上,如果学生遇到困难,可以寻求帮助。戴维做到了。但有时候,有些学生决定自己解决问题。他们知道必要时可以请其他学生帮忙。"

用尊重的方式对待学生不正确的答案,通过倾听来尝试理解,并提供充分的时间和支持来帮助学生形成完整而正确的理解,学生可以从教师的这种做法中学到什么呢？我们认为，学生正在学习重要的生活经验，比如：

- 认真倾听别人的想法，你可能会从中学到一些东西。
- 思考需要时间，耐心对待自己和他人。
- 思考和回答的过程与答案本身同样重要。
- 可以请求帮助。
- 错误答案可以帮助我们理解和学习。
- 每个学生都有责任得出正确而完整的答案，没有人可以"临阵脱逃"。

在金的课堂上，学生知道教师在帮他们，他们可以选择回答，比如花时间思考和寻求帮助，但是不能选择退出。伯杰（Berger，2014）描述了"无退出选择"（no opt-out）策略，如果学生不能给出正确或完整的答案，教师可以叫另一个学生回答，但第一个学生在后来还是要回答这个问题。"我不知道"不是一个可以接受的答案。"无退出选择"策略对建立学生的自信和发言意愿至关重要，即使答案可能不确定或不正确。允许和鼓励学生花时间思考，不会因匆忙回答或错误回答而感到不舒服，也是同样重要的。时间是一个非语言性辅助工具，可以帮助学生思考并完整回答旨在促进学生思考的问题。当然，我们也不能夸大它的价值。

思考时间 2："神奇"的停顿？

在第三章中，我们建议教师在提出问题后使用思考时间 1，让学生有足够的时间思考一个问题，并准备好大声回答。学生回答后，建议再停顿一下。在早期文献中，这个停顿叫作等待时间 2。为了反映其功能，我们称之为"思考时间 2"。在这段时间里，学生不仅仅在"等待"，心理引擎也没有"闲置"——他们正在思考，推动学习步步深入。建议这次停顿的时间与第一次相同：3～5 秒。

回答问题的学生应该使用思考时间 2 来思考答案的质量；他们可以添加内容，给出明确的例子，提供依据，纠正答案，或者产生疑惑并提出来。如果学生不知道为什么回答之后需要停顿，他们可能会对自己的表现感到焦虑或不安（"我的答案不对，是吗？"），而不是继续思考回答的内容。一开始，学生在发言之后不习惯停顿。在大多数课堂上，教师基本不会给出等待时间（有时还会打断学生的回答）就直接评估、重复答案或叫另一名学生回答。

所以，当回答的学生正在思考他给出的答案时，其他学生在做什么呢？在思考时间 2 内，他们也需要保持沉默。他们应该花时间思考回答的学生所说的内容，并将其与他们在问题首次提出后的思考时间 1 中产生的答案相比较。他们可以反问自己以下几个问题：我的答案与他的一样吗？如果不一样，谁的回答更正确，为什么？如果是这样，我应该怎样补充第一位同学的说法，并通过延伸和举例来证明我的答案（Walsh & Sattes，2015b）？通常，正如金所说，教师会让另一个学生解释第一个学生的回答。如果点名补充回答，思考时间 2 让学生有时间准备回答和解释。教师可以通过介绍和讨论以下两条规则，帮助学生了解在思考时间 2 内应该怎么做：

- 在回答之后使用停顿，对答案进行反思，添加或更改答案的内容。
- 在停顿时间内将同学的答案与自己的答案进行比较。找出一致或不不一致之处，并添加你自己的想法。

思考时间 2 对教师来说也是很有价值的，他们必须认真思考如何对学生做出最好的回应，使用这段时间思考接下来要说的话。教师有很多事情需要考虑。如果学生的答案不清楚，教师要提出什么问题来提示学生阐述清楚？如果答案不够具体，如何理解学生思维背后的含义？为了让学生更好地理解，教师要提出一个例子、一个依据还是一个陈述呢？教师是否会使用"回应链"，让另一名学生回答是否同意第一个学生的答案，并解释原因（Marzano

& Pickering，2011）？思考时间2为教师提供几秒钟的时间来思考如何最好地跟进学生的回答，指导学生做出更正确和更完整的回答（Walsh & Sattes，2015a）。

对教师和学生来说，学生回答后的停顿很难有规律地学习和使用。大多数尝试过的教师——与学生一起——证明了停顿有许多好处。这项研究是持续的和积极的。将思考时间延长至3～5秒的教师会使学生和自己获得令人振奋的可能性。在罗研究停顿时间的数十年之后，许多研究人员证实了其在幼儿教育到高等教育中的价值。研究发现，当教师和学生一直使用停顿时，学生可以获得以下好处（Rowe，1986；Tobin，1986，1987）。

学生的答案通常会更长、更正确、更完整。在许多课堂上，学生的答案很简短（通常只有3～5个字）。学生不会扩展、证明或解释自己的答案。但是，当思考时间增加时，学生的答案可以扩展达300%～700%！学生想要将答案详细表达出来，所以内容也会更加复杂。

学生不再经常回答说"我不知道"。罗的研究显示，平均而言，当课堂上的思考时间1不到3～5秒时，30%的学生会回答"我不知道"。当教师和学生有规律地使用思考时间后，这个数字会显著下降。如果学生在有时间思考后仍不知道答案，那么在教师允许"通过"后，他们还会愿意在后续时间里进行作答。

学生为自己的想法和结论提供依据。使用思考时间2时，教师会注意到，学生的发言充满了停顿，因为他们在继续回答之前会停下来思考。当教师给予学生足够的时间来完善想法时，学生会更频繁地引用依据来支持自己的答案。如果没有这种有目的的停顿，这种情况就会很少发生。

在三年级的课堂上，我大声朗读一本七年级的书来增加学生的阅读兴趣和词汇量。在一篇文章中，作者写道，当一个可怜的孤儿经过时，一个富有的女人"拉了一下自己的裙子"。你必须在字里行间揣摩其中的含义，而且我想知道学生对这句话的含义和作者的意图懂得了多少，于是，我问道："你觉得这个女人是怎样看待这个孩子的？"一个小男孩说："她不喜欢这个小男孩。"当我问他为什么时，他说："我知道她不喜欢这个小男孩，因为他走过去时，她把裙子拉了起来。因为她不想自己的裙子被小男孩的脏衣服弄脏。"然后我停顿了一下。男孩继续说，"我认为她这样做不是很好。这样做不对，因为人人都是平等的。"哇！这居然出自一个三年级学生之口！这些不是我之前从学生那里得到的答案，这些答案是更深层次的、更深思熟虑的。

[宾夕法尼亚州三年级教师南希·阿布拉莫维科（Nancy Abramovic）]

更多学生回答问题。思考时间1让更多的学生进入参与回答环节，这很可能是因为他们是信息内部加工者（internal processor），需要更多的时间来形成答案。作为信息内部加工者的学生并不比其他学生笨；他们只是比较内向，他们从无声思考而不是滔滔不绝地发言中获得力量。帕尔默（Palmer，2014）引用凯恩（Cain）《安静》（Quiet）一书中的内容多次做出说明，凯恩写道，三分之一到五分之一的人是内向的人（也许在年轻人中该比例更高），这种性格使他们对于在课堂上发言感到困难。无声练习的时间让他们更有信心表达出自己的想法。一位教师问学生为什么喜欢他提问的新方法。一个很害羞、保守、以前从来没有在班级面前大声朗读过的学生回答说："因为每个人都可以讲话。"其中一个成绩差的学生接着说，"我很喜欢这种方式，因为我也可以发言了。"这位教师继续反思道："想一想吧！我不再赶进度，而是努力让每一个学生都有机会深入思考，学生很赞成这种做法，因为他们可以发言！我居然从来没有认识到放慢速度的价值。"

回答的学生更经常地进行高水平思考，提出假设和推测。这两段思考时间可以促进学生的深度思考。第一段时间帮助他们思考问题，形成复杂的答案；第二段时间帮助他们添加和扩展答案。在对学生的回答做出反馈之前，故意停顿一下，让学生反思自己所说的内容和反思答案。这个过程就是假设和推测。

我们在学习一个诗歌单元,刚刚阅读了罗伯特·弗罗斯特(Robert Frost)《雪夜林畔小驻》(*Stopping by Woods on a Snowy Evening*)中的一段:

"(马)摇动了铃铛,看看是否有什么问题。"

我问:"你认为马为什么摇铃铛?"我发出信号让他们去思考。当我点名让一个学生回答的时候,他说:"马很害怕。"我们停顿了3秒钟,没有其他学生进行评论。我问:"你为什么认为那匹马害怕了?"他回答说:"这是最漆黑的夜晚,树林黑暗深沉,听起来让我很害怕。"

我们再次停下来思考,一个女孩补充道:"因为周围没有房子。"

再一次停顿后,第三位学生说:"我想他可能是圣诞老人。这是一个大雪纷飞的夜晚,圣诞老人不能再休息了,他还有几公里的路程要赶。(停顿)也许这些马是驯鹿。圣诞老人的驯鹿会发出铃声。"

谁会想到学生会把这些联系起来呢?如果没有足够的时间去思考,我觉得没有学生可以做到这样。

[西弗吉尼亚州四年级老师玛丽莲·科布(Marilyn Cobb)]

学生提出更多的学术问题。大多数课堂上的教师都没有使用思考时间,学生主要是说出答案。他们不仅没有时间思考一个问题,也没有"空间"构成一个问题。当定期使用思考时间时,学生会更经常地提出问题——无论是由另一个学生还是自己的回答引起的。学生提出问题是真正参与和学习的标志;我们将在第五章研究教师可以做些什么来鼓励学生这样做。

课堂管理问题减少,纪律改善。许多教师不使用思考时间,是因为他们担心学习进度会变慢,与任务无关的学生行为会增加,学生的兴趣和参与度会降低。实际上,快节奏提问才可能造成纪律问题和学生的分心。持续使用3~5秒思考时间的教师发现,学生会更多地参与到课程和任务中来。

学生回答时更有自信。在许多课堂上,学生在回答一个问题结束时音调会发生变化或产生疑问。这种反应中隐含的是不确定性("我不确定,这是否正确?")。当有足够的时间思考时,学生会自己评估答案;不需要教师来判断答案是否正确。罗（Rowe，1986）发现，来自使用思考时间课堂的学生会为自己的观点进行辩护——面对与之持不同观点的专家——与没有使用过思考时间的学生相比，他们更加坚持自己的观点。

学生的数学和英语语言艺术课程的成绩提高。托宾（Tobin，1986）将一直使用两段思考时间（平均思考时间为 3.3 秒）的班级，与没有使用过思考时间（平均思考时间少于 1 秒）的班级进行了比较。他发现，前者学生的成绩更高，发言的质量也更高。

学生的更复杂认知问题测试成绩提高。托宾（Tobin，1987）等人发现，学生不仅回答口头问题的表现提高了，而且回答认知要求较高的书面测试的表现也提高了。

在系统地使用思考时间的课堂上，教师可以获得以下好处：

教师的回答更周全。思考时间 2 可以让教师在对学生的回答做出反馈时做到对话有重点、有帮助和充满尊重。在规定的时间内，教师可以在适当的时候提供提示帮助学生进行详细阐述。它还让教师有时间给学生提供一些有用的反馈。

教师提问更少的问题，提出更高认知水平的问题。研究结果表明，思考时间和更高认知问题的增加所引起的学生学习的提高程度比单纯增加其中一个变量要更有效。事实上，研究这些因素之间关系的人报告说，在某种意义上，它们都是有因果联系的。也就是说，解决更高认知水平问题需要的大脑操作越复杂，就越会产生更长的思考时间。思考时间的增加有可能引起教师和学生较高层次上的思考（Cotton，1988）。

此外，思考时间的使用与所提问题的水平之间存在相关性（Barnette，Orletsky，Sattes，& Walsh，1995）。学生的回答越长、越完整，教师的提问就越少。由于有更多的时间去思考，教师更倾向于提出高质量的问题。

教师更期待之前未参与的学生起来发言。在开始使用思考时间后，会经常听到老师这样说："我从来没有想到罗伯特会给出这样的答案。"他们对学

> 如果我们是医学研究人员，我们觉得这些是很神奇的发现。我们可以随意治愈课堂上的各种弊病。
>
> （Berliner，引自 Swift，Gooding，& Swift，1998）

生的期望——特别是成绩差的学生——随着更多学生的参与和更有意义的回答而增加。

与思考时间 1 一样，教师不能代替学生使用思考时间 2；为了达到更好的效果，教师必须与学生进行合作。教师必须帮助学生了解思考时间 2 是什么，为什么它很重要，以及在停顿时间应该思考些什么。

将思考时间的内容以海报的形式张贴在教室产生的视觉效果可以帮助学生和教师认真对待思考时间，并将其用于有目的的思考。阿拉巴马州佛罗伦萨新生中心的教学合伙人珍妮·奥兹伯恩（Jenny Ozbirn）开发的思考时间 1 和思考时间 2 海报（如图 4.1 所示）列出了与思考时间相关的重要行为。请注意在思考时间 2 下面列出的"倾听"学生的明确期望。珍妮向该学区的所有教师提供了这种海报，以便教师告诉学生，思考时间是在整个学区实行的。

思考与讨论 >>>

先独立思考并回答以下问题，再与同事交流、合作进行探究。

（1）阅读在课堂上使用思考时间好处的相关内容，你认为哪种好处对你的学生来说最重要？

（2）思考为什么你选择使用思考时间产生的这种好处。

（3）如果你可以得到一些或全部好处，你愿意在课堂上尝试使用思考时间 1 和思考时间 2 吗？

（4）你认为对于你和你的学生来说，持续使用思考时间 2 的最大挑战是什么？你如何应对这些挑战？

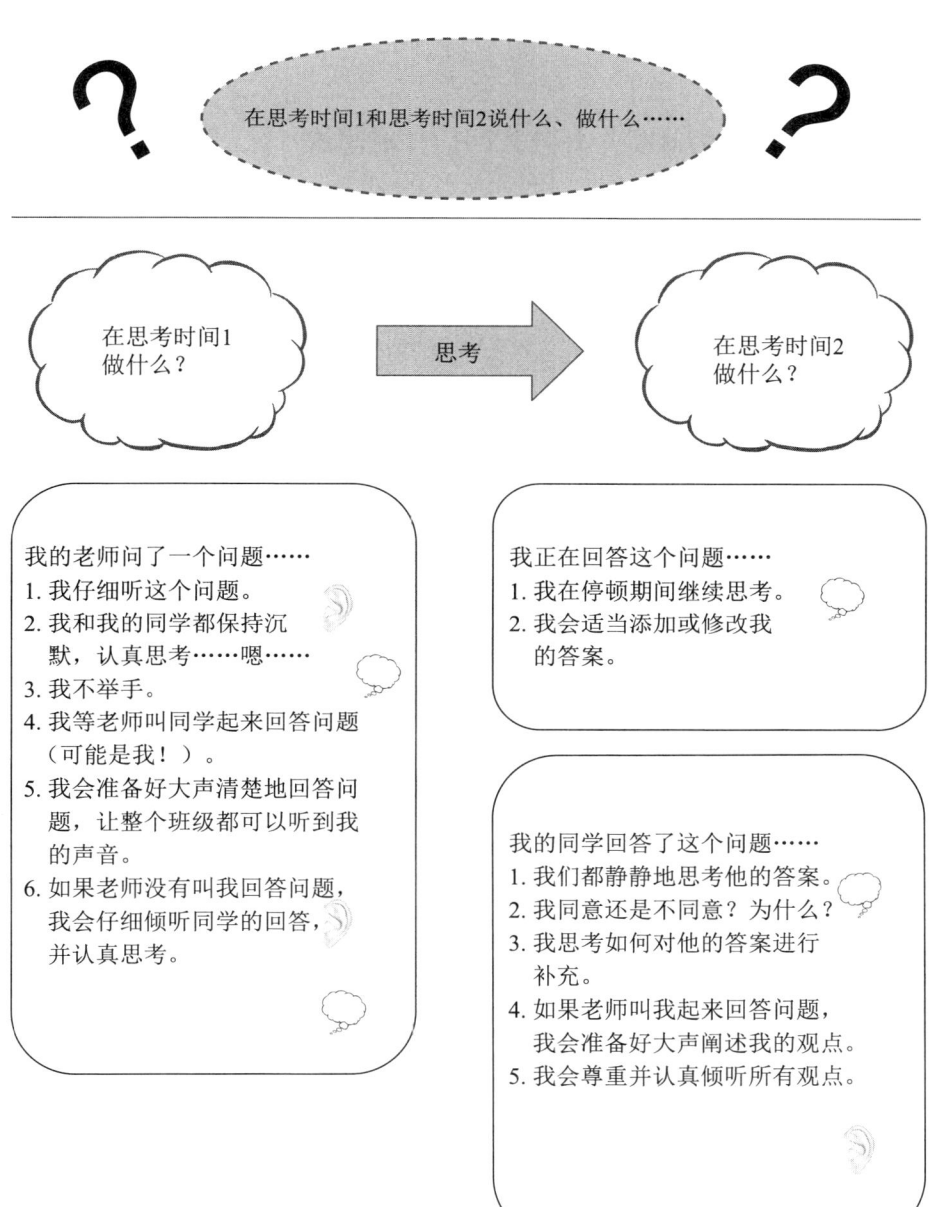

图 4.1 思考时间 1 和思考时间 2 海报

鼓励学生通过积极倾听与开放式回应拓展思维

思考时间被人称之为"神奇教学助手"。但是，如果没有有目的的、充满尊重的以及深思熟虑的倾听，教师就不知道学生现有的理解程度，也不知道接下来应该提问什么问题。因此，学生就难以详细阐述或更深入地思考最初的答案。通过本章中提到的有关教师提示的例子，无论是言语的还是非言语的提示，我们都可以了解到，经验丰富的教师会认真倾听并尊重学生的发言。

> 细心聆听从来不是一件容易的事——它会以惊人的速度消耗着我的精力。但当我控制自己不摆出权威的姿态时，倾听会变得容易些。在我暂停的短时间内，我会一直在想下面我要讲些什么，打开心门迎接外界的新鲜事物。
>
> （Palmer，1998，p.138）

通常情况下，教师喜欢听到正确的答案。威廉（Wiliam，2011）将此称为"评价性倾听"（evaluative listening）。他建议，当教师想要了解学生的所思所想时，应使用"解释性倾听"（interpretive listening），而不仅仅是检查答案是否正确。如果优质提问要促进师生富有成效的互动，那么教师的有效倾听至关重要。金德斯万特等人（Kindsvatter, Wilen, & Ishler, 1996）确定了教师可以使用的倾听的七个因素（p.215），教师可以以此来表达对学生的回应感兴趣并向学生表示他们的评论非常重要：

- **眼神接触**——直接看着发言者，并保持眼神接触。
- **面部表情**——使用多种适当的面部表情，比如，微笑，或表现出好奇心、兴趣、惊喜或兴奋的表情。
- **肢体语言**——使用肢体语言，比如手势，鼓励学生做出进一步的评价；用肢体语言表示对学生的想法持开放的态度。
- **身体距离**——调整你在教室中的位置，比如，更接近正在发言的学生

（或较少参与的学生）。

- **保持安静**——当一个学生发言时，保持安静；不要打断学生；学生停止发言后，给予思考时间2。
- **口头肯定**——使用简单的口头肯定，比如"嗯""请继续""是的""我同意你的观点"或"继续说"。
- **小结**——复述学生在讨论中提出的主要观点。

让学生知道你在认真倾听他们回答的最有效的方法之一就是，在一堂课、一天或一周后对他们的回答进行反馈。这些评论（例如"记得索尼娅分享的她测量厨房以帮助父亲决定需要用多少瓷砖来铺地板的经历"）公开认可学生的贡献，并提供具体的依据表明，为了与他们一起学习以及从他们身上学习，你在认真听他们讲。

当我们研究教师如何帮助学生建立联系以便他们能够对教师设计的旨在帮助他们学习的问题给出正确而完整的回应的具体例子时，请记住这种深思熟虑的和充满尊重的倾听方式。

师生协同

我们如何与学生合作使得他们在同伴合作学习中使用思考时间？

思考时间需要不断的强化。只是引入和试用一天，不会在课堂上创造"新的发言节奏"，很容易回到老路上去。想象在类似下面的课堂上，组织一场关于停顿的课堂讨论，你之前已经在课堂上使用过这种停顿，但似乎收效不大。

教师：我们已经使用思考时间1和思考时间2有几个星期了。我想知道，你们觉得如何？（教师指指自己的头，发出进入思考时间的信号）

学生1：嗯，我很喜欢思考时间。在我被叫起来回答问题之前，我有时间在头脑中形成答案。（停顿）而且在发言之前、发言时以及发言后，我都有时间去思考。（停顿）其实，我也试过在家里使用，但我的妈妈不太擅长等待。

学生2：那很有意思。一开始使用时，我真的感到很困难。就像一个问题提出时，我已经准备好发言了。然后你发出了停顿信号，这让我感到很沮丧。（停顿）我的意思是，如果我已经准备好发言了，为什么还要继续等待呢？（停顿）看起来要保持安静并不容易。

教师：（停顿）这是一个很好的问题。让我先来问问大家，然后当我发出信号后，我会请大家和同伴进行交流。如果你马上就得出了答案，为什么还要等待呢？（停顿）

教师：现在面向你的同伴，分享你的想法，说说如果你马上就得出了答案，为什么还应该等待。

当教师在班级巡视时，认真倾听了学生的讨论。他听到了各种想法："在你大声说出来之前，它可以让你有时间思考。""有时你会有时间去想出更好的想法。""当有人不同意你的观点时，你有时间想出如何对自己的观点进行辩护，但是要尊重对方。"

教师：我听到很多有趣的想法。我要问一下第二个学生：你有没有想出应该等待的原因，即使你已经准备好答案了？

学生2：是的。我知道每个人都有不同的想法，给学生时间思考会让每个人都有时间在头脑中想出答案。如果我已经想出答案了，我可以把它润色一下然后再分享给全班。

学生3：我注意到一件事，我们不再只是喊出答案。我们不用举手来回答问题。所以我认为我们可以思考得更多。回答问题的人更多了。这就是思考时间为什么这样重要的原因。

学生4：是的，但这并不容易。我注意到并不是每个人都用同样的方式使用思考时间。有时，当我数到3，准备发言时，其他同学就开始发言了。（停顿）最糟糕的是，当出现这种情况时，我会忘记要说的内容。

学生5：我也是这样。其实我刚才没有用完3秒钟的思考时间，因为我想发言而且害怕没有机会。（停顿）我认为需要设置某种信号，让我们都停顿相同的时间，并记住要停顿。你应该知道，当我们很兴奋地讨论某事时，就很容易忘记等待。就像现在发生的一样。

教师：你们说的与我读过的一本帮助学生思考的新书中的内容相同。停下来思考是很重要的，但这是一个非常难养成的习惯。为什么你会觉得这么难？我们可以做些什么来让大家记住要思考？

对于如何让大家记住要思考，这些学生继续思考3～5秒钟。他们最喜欢的方式是，让一个学生举起一个标志，在3～4秒后放下。这样，学生可以思考，而不用担心去计算已经过去的秒数。没有人会碰巧"数得太快"，而在别人准备发言之前就开始回答。

在停顿成为"发言的一种方式"之前，需要有更多与之相关的讨论。

你的学生会做何反应？

当你在全班提问中引入并使用了思考时间1和思考时间2后，请提醒学生在小组讨论中也可以使用这些停顿。托宾（Tobin, 1986）引用了罗（Rowe, 1969, 1974）的研究，罗在研究中总结了学生在小组学习中使用等待时间的受益之处。

向学生介绍在小组学习期间可以使用的基本要求，比如：
- 对所有观点持开放和尊重的态度。
- 以开放的心态聆听，并希望互相学习。
- 承担责任，确保每个小组成员都可以积极和公平地参与。
- 确认理解。在你反对一个观点之前，确保你完全明白对方的意思。
- 在一小组成员发言之前和之后，给予思考时间。

> 帮助学生注意利用思考时间思考同学所说内容的最好方式之一是，在每个小组里设一个志愿者，记录学生评论所用的时间。如果小组成员知道有人正在监督，将会更加有意识地停顿。"思考时间显示器"可以每隔几分钟向教师汇报一次，这会立刻反馈给小组成员。根据反馈意见，让小组成员相互之间进行交流，分享任何关于讨论质量的问题。他们会变得更加深思熟虑吗？每个人都有所贡献吗？他们是否会相互提问？让每个小组分享对使用思考时间 2 的看法和存在的问题。
>
> 学生可以从反例和示范实践中学习并收获快乐。让每个小组在课堂上演示上述基本要求的一个范例。他们会很乐于这么做并且会记住每个基本要求都很重要的原因。
>
> 与学生讨论基本要求是如何共同促进学习的。一旦他们认识到重要性，让每个小组进行头脑风暴，探究如何监督他们对一种或多种基本要求的应用。让他们在合作活动结束时分享他们的发现。询问他们在思考时间内是否感到舒适以及他们注意到的好处。

帮助学生建立联系的提示与线索

教师主要提出有一个或多个正确答案的求同性问题，以帮助学生建立知识和理解。例如，"这个实验中的因变量是什么？"或"你有 7 米的围栏可以围住花园。请你想出三种围住花园的围栏可能的大小和形状"。

当我们提出一个问题并让学生回答时，大多回答的答案是不可预知的。他们可能会说"我不知道"；也可能会给出一个完整而正确的答案，甚至超出我们的期望；他们也有可能完全没有思路，回答不出这个问题。我们唯一可以控制的就是给学生反馈的方式。研究报告指出了一些教师最常见的反馈方式。当学生回答不正确时，我们通常会提供正确答案，或者马上叫另一名学生提供"帮助";当学生回答正确时,我们通常会立即给出一个正面反馈或重复这个答案,以便其他学生能听到"正确"答案。

我们主张尽一切可能让学生——而不是教师——说出正确而完整的答案。对于大多数教师来说,这是最困难的提问实践之一。毕竟,我们大多数人上学时几乎很少听过教师会提出后续的问题。我们不会觉得教师想了解我们的回答或答案背后的想法,教师似乎只对"正确的答案"感兴趣。实际上,当我们观察课堂并引导教师进行反思时,他们有时会对后期评论感到惊讶,例如,"当约翰回答不清楚时,你的后续问题会让他进行更深入的思考,从而给出一个更加完整和可理解的回答"。记得有一位教师说过:"哦,我不知道我是否应该这样做。我不太确定是否有点像在责备学生。这是我平时的教学方式。我很高兴这样做没有错。"我们给教师的这种有效行为方式起了一个名字:"支架"(scaffolding)。适当和有效的支架需要花时间、保持耐心和坚定的信念,如果给予适当的支持,学生就能够回答正确。

那么,教师如何为回答优质问题有困难的学生提供适当的支持呢?这取决于学生在形成答案时在哪里遇到了问题。回顾第三章做出回应的五步过程(听清问题,理解问题,自我回答,大声回答,重新思考并完善答案)。通常我们会有如下假设:当学生没有给出答案时,是因为他不知道答案是什么(第三步)。但是,在这个过程中的任何一步,学生都可能遇到困难。

也许当问题提出时,学生没有在倾听(第一步)。如果是这样,他就可能会犹豫一下,让教师重复这个问题,然后承认自己没有集中注意力。如果教师认识到这个学生因为注意力不集中而没有听到这个问题,他可以简单重复问题。这是一个必要的步骤,特别是对于那些很难集中注意力或参与课堂学习的学生来说,要坚持到他们学会在适当的时候参与进来为止。

例如,贝丝的一个儿子在小时候很难参与到问题中来。在向他提出问题之前,她会经常伸手触摸他的下巴,直到两人有眼神接触。如果没有这样做,她就不得不重复这个问题两三次。如果有容易走神的学生,教师可以提供明显的提示,例如高举一张写有要问问题和口头提示的纸板:"下面我要问一个问题。你们准备好了吗？"将焦点问题写在或投影在白板上，是另一种具体的方法，可以把问题放在学生面前供其参考。

当一个学生耸耸肩说"我不知道"，或者给出完全不清楚的答案时，可以假设这个学生没有听到（第一步）或理解（第二步）这个问题。以下是教师可以采用的一些方法：

- "告诉我要你回答的这个问题。"
- "静心读一下这个问题。然后用你自己的话表述出来，确认你知道提问的内容。"
- 如果整个班都没有集中注意力："请大家面向同伴，用自己的话表述问题。一旦了解了这个问题，请自己思考答案。"

如果问题中包括学生可能不知道的词汇或"思考"动词，教师可以转换一下问题的意思（第二步）："当我让你'概括'时，是想让你根据所有的例子，看看是否能找到一个趋势，或者一些类似的方法。"如果教师担心有些学生不明白某些内容，最好在提问之前先进行语词解释。

回答过程的第三步包括学生与先前的知识或经验建立联系，以便形成一个自己的答案。在这一回答过程中，给予多少时间是很重要的。但是，如果学生不知道如何进行联系，我们应该另外提供帮助。

支架与维果茨基（Vygotsky）的工作密切相关（Tudge，1990）。他发现，教师或有经验的同伴可以通过在学习者的"最近发展区"（zone of proximal development，简称ZPD）中确定和传递教学来帮助学生学习。这个区域代表了学习者目前的技能和知识与超出他目前的学习能力之外的技能和知识之间的差距。

有时，简单地提示学生进行合作学习可以促进联系的建立。教师可能会说："我要再重复一下这个问题。这次，我想让每个人都认真听这个问题并思考自己的答案。当我发出信号时，请面向你的思考同伴并互相分享你们的想法。认真倾听对方的观点，看看你是否赞同他的观点并给出理由。"教师在口头上给学生一些提示与线索可以帮助学生建立联系。

提示

提示（Cues）是可以促进学生回答问题的词语或符号。教师可以通过提示提醒学生原有的或与之相关的学习知识以激发回答问题所需的记忆或认知过程。或者教师可能会让学生从个人经历中吸取教训——从他们已经知道的——并逐渐得到正确的答案。"当你讲述新河（New River）上的漂流之旅时，我记得你非常兴奋。你的木筏像哈克贝利·费恩（Huckleberry Finn）的吗？你与他的经历相似吗？"

教师也可以提及首次介绍该知识时的背景或课堂。"还记得星期一我们讨论选举的时候吗？杰里米说他的父亲帮助计算投票总数。"提示也可以与视觉提示（地图、图片、幻灯片、视频、图形组织工具等）联系起来："看园艺视频时，我们初步了解了矩形。一个花园的面积有多少平方英尺？描述应该如何转换'区域'。"有效的提示可能会引用相关的事实或概念（比如，"总统领导这个政府部门"或"预测接下来会发生什么。你还记得第一章中铺垫的第三章内容吗？"）。助记符号是另一种方法，可以帮助学生将一些记忆内容联系起来。例如，"Please Excuse My Dear Aunt Sally"（请原谅我亲爱的萨莉姨妈），这句话的首字母可以有效帮助学生记住数学运算顺序：括号（parentheses）、指数（exponents）、乘法（multiplication）、除法（division）、加法（addition）和减法（subtraction）。

线索

与提示密切相关的是线索（clues），它们是更明显的关于联系的提示。教师可以向学生提供一个"起点"，即一个关键词，最初的声音、名字、相似声音或其他一些言语或非言语线索。或者更直接一点，教师可以在地图上指出一个州，然后让学生找到首都的位置。或者教师可以分享一些相关的知识点，作为促发学生做出正确回答的媒介。许多教师用这种方法回顾与特定日期有关的信息、提出一些额外的问题引导学生做出回答。有很多策略都可以使用。这些都需要教师做出判断,但是都传递了同样的信息:"耸耸肩或提供现成的答案不会使学生参与到课堂学习中来。"

教师可能会提出后续的问题,让回答的学生找出线索:"当我让你思考最高法院的作用时,你说不知道。你认为最高法院'可能'会做些什么呢?"或"这个问题中的哪些词可以为明确最高法院的作用提供线索?"或"昨天我们对最高法院的一项裁决进行了激烈的辩论。凯利和富兰克林是正反方。你还记得辩论中有哪些内容有助于回答这个问题吗?"

最后,当学生理解了问题但还没有想出答案时,你只需要给学生提供更多的思考时间。给学生一个伴有眉毛上扬的令人鼓舞的表情,安静地向学生表达出你期待一个深思熟虑的回答,如果他们需要帮助,你可以向他们提供。

提示可以帮助深化思考与理解

为了促进学生深入思考,教师应该提前说明怎样的答案是可接受的,特别是对于认知复杂的问题。在设计问题上,我们已经与许多教师有过合作。他们遇到的最大挑战就是回答以下问题:"什么是可以接受的答案?当你提出这个问题时,你希望学生说什么?"我们可以明确地说,这不是一件容易的事,但它可以带来很大的好处。我们不建议教师对于每个问题都这样去做;相反,我们建议选择一个关键问题,可以每月一两次,通过与同事合作来修改和提高,然后思考学生可能在回答问题时说些什么。

可以利用同事这个丰富的资源,与之合作进行头脑风暴,思考学生会如何回答,找出可能存在的错误理解,并提出有效的方法对学生做出反馈。图4.2提供了教师有效支架计划模板,图4.3提供了一个数学问题和回答样本以及教师反馈示例。我们建议教师在做计划时,产生四个可能出现的学生答案:

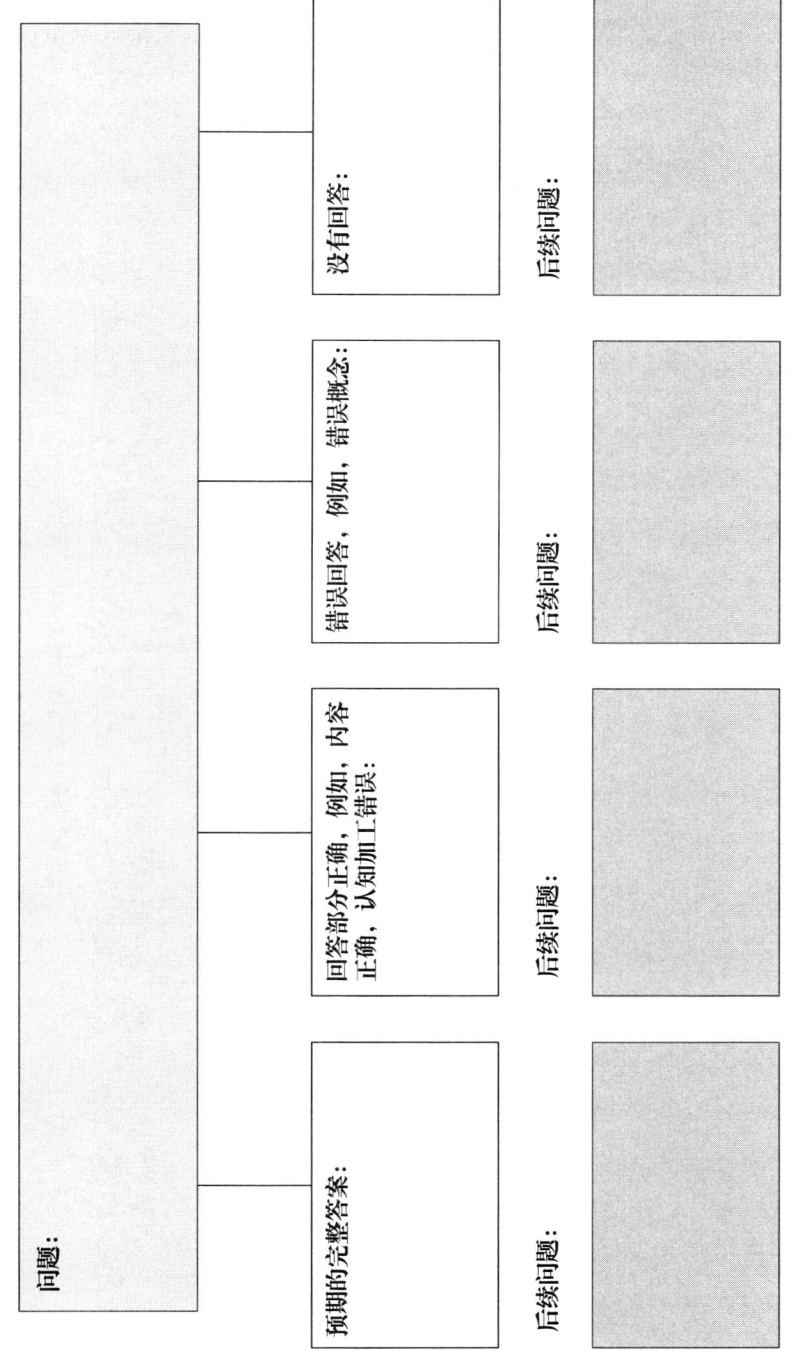

图 4.2 有效支架计划模版

132 · 优质提问教学法——让每个学生都参与学习（第二版）

任务：(1) 确定学生对特定问题的"最优"答案以及反映学生在推理或理解中比较常见的其他错误答案，(2) 为每个潜在的学生答案提出后续问题。

问题：今天我们将成为数学家，创建我们自己的单变量方程。想象一下，你已经决定做一些兼职工作来解决额外支出的费用。你的父母已经同意了，但不想让你一个星期工作超过10小时而影响你去学校学习。同时，除非你赚到钱的金额值得你去工作，否则你也不想去工作。决定一周内你想赚到的金额，然后创建一个方程并做出解答，算出你每小时需要赚多少钱，才能确保自己和父母都满意。

预期的完整答案：我决定要每周赚65美元，这样我就可以攒钱买一个新苹果手机。方程式是 $10x = 65$，所以我每一份需要赚6.50美元一小时的工作。这不是最低工资，但是我想做。

后续问题：
- 告诉我，你是如何得出方程式的？你首先要做什么？
- 根据你的方程式，你有什么想法？
- 那么，如果你想每周赚75美元，你要如何改变这个方程式？

回答部分正确、内容正确、认知加工错误：我不知道一周要赚多少钱，我可能需要一份每小时7.00美元的工作。这不是最低工资吗？

后续问题：
- 你提出了一个号在黑板上不同的问题，但是也可以用代数方程来解决。你想每小时你工作多久呢？写一个方程式来算出你一周内可以赚多少钱。

错误回答，例如，错误概念：我决定不去工作了。

后续问题：
- 我们假设是你的朋友想去工作，同时他的父母也想让他去工作。我们来想这个问题。你的朋友首先想做什么？
- 我们假设你想去工作，要解决这个问题，你要做的第一步是什么？

没有回答：我不知道这怎么办。

后续问题：
- 这个问题是关于什么的？你能读一遍，然后告诉我这是关于什么的吗？
- 问题的主要内容是什么？你哪里不太懂？

图 4.3 有效支架计划模版：数学案例

A. 你希望学生将会给出在内容和认知层面都正确并且可以使得思考或推理可见的答案。

B. 至少部分正确但不完整的答案，比如，不是在你所希望的认知层面进行思考的答案。

C. 一个错误答案，可能包含学生中存在的常见误解。

D. 没有答案或者"我不知道"。

在每个学生可能的回答下，教师可以提供几种反馈方式促进学生更深入地思考（对于答案 A）或促进学生得出更完整和正确的答案（对于答案 B、C 和 D）。

里奇哈特（Ritchhart，2015）将后续问题（follow-up questions）称为"促进性问题"（facilitative questions），要求学生详细阐述答案，解释想法，提供理由，或者深入思考一个问题。这些问题对正确和错误的回答都是有益的。

许多学生有一种感觉，当教师提出后续问题时，就像是在告诉他们他们的回答不正确。

> **思考与讨论** >>>
>
> 先独立思考并回答以下问题，再与同事交流、合作进行探究。
>
> （1）重点关注对学生来说有挑战性的单元。过去学生曾经经历的与本单元学习目标有关的一些常见错误理解或偏差有哪些？你是如何成功解决这些问题的？
>
> （2）与同事一起开展头脑风暴探究这些错误理解有什么价值，并提前思考如何对有这种错误理解的学生做出反馈？

帮助学生理解并采用以下准则可以解决这个问题：

- 后续问题会帮助我们更全面地理解答案。

● 这些问题并不意味着我们已经给出的答案不正确。

应该如何与学生沟通，让他们知道我们想听到他们的想法——即使是不正确的想法？哈蒂（Hattie，2012）建议，建立"信任关系"，在这种关系中，我们欢迎犯错误。"知道我们不懂什么，然后就可以有针对性地去学；如果不犯错误，我们就不太可能学会学习"（p.79）。要建立这种信任会面临艰难的斗争。"'我的声音'学生调查"（My Voice Student Survey）征集到超过 55,000 名 6—12 年级美国学生的回应。只有 52% 的学生认为教师想听到他们的声音。更令人沮丧的是，随着学生年龄的增长，他们报告说，学校很少让他们发声，也就是说，他们的想法很少被教师关注；学校越来越不关注学生的想法（Quaglia & Corso，2014；Quaglia Institute for Student Aspirations，2013）。

作为教师，提供适当的支架是我们最难做到的事情之一，主要是因为我们需要即时做到这一点，也就是说，我们可以计划，但却不会知道学生具体会说什么。另外，很多教师对"逼迫"学生、让他们认真回答会感到不舒服，所以大多数教师都没有这么做。

提供支架需要教师具备技能和敏感意识。过多的帮助会使教师代替学生思考，填鸭式地向学生提出问题，引导学生按照教师的思维方式进行回答——即使有多种回答问题的方式。这种方法被称为"过滤"（funneling），并不会使学生对问题的答案做出具体阐述。如果帮助太少，那就会像预期的那样，无法拓展学生的思维。一项研究发现，学生从来没有对回答做过具体阐述——无论他们的初始回答是完整、正确，还是错误、含糊——除非教师提出后续问题。然而，当教师提出引导学生思考的后续问题时，即使没有以特定的方式［即"聚焦"（focusing）］指导他们思考，这些问题也常常会引发他们做出具体的阐述（Franke，Webb，Chang，Ing，Frenund，& Battey，2009）。

哈蒂（Hattie，2012）证实了支架必须是"适当的"：不能太多也不能太少。在一篇题为"金发姑娘发话了：数学支架教学要恰如其分"（"Goldilocks

Discourse—Math Scaffolding That's Just Right"）的文章中，作者戴尔与谢勒（Dale & Scherrer，2016）给出了三个关于数学支架的教学案例，说明教师如何帮助学生以两人一组的形式回答以下问题。

两名学生每人吃同样大小的比萨饼，一个比萨饼切成8块，另一个切成10块。第一名学生吃了8块中的4块。第二名学生要吃几块比萨饼才能和第一名学生吃同样的数量？

在"支架过少"的教学案例中，教师组织学生以小组形式解决问题。当教师观察一个小组的活动时，她发现，一名学生已经写出了一个正确答案："$\frac{4}{8}=\frac{5}{10}$"。当她转向这个学生的同伴，并询问他是否理解时，那个学生一脸茫然。对此，教师并没有理会。"他们正在讨论，这样很好。"她自己这样想着。

在"支架过多"的教学案例中，教师走近一组没有做任何事来解决问题的学生。她画了两个比萨饼，一个分成8块，另一个分成10块。她说："把这个比萨饼中的4块涂上颜色。另一个比萨饼要吃多少块，才能与这个相等？"她代替学生思考并画出了图示，然后指导学生涂色。

在"支架适中"的教学案例中，小组给出了正确的答案。教师让他们解释是如何想出答案的。然后问他们是否能用另一种方式来证明自己的答案是正确的。学生思考了自己的答案，然后提出了用画比萨饼的方法来表达正确答案。教师很满意他们理解了。

使用提示促进学生思考

使用范例可以提示学生如何进行思考。在下面的"优质提问卡"（Quality Questioning Card，简称QQ卡）中，我们给出了面对学生不同的回答，教师应该如何做的建议，以及教师要给予提示的一些常见原因，并提供了一些示例(如表 4.1 所示)。

当学生的回答不正确时,教师会希望了解学生答案背后的原因,确定如何更好地帮助学生更正。当学生的回答不完整或含糊时,教师会要求学生表达清楚,重新给出答案,用词恰当,或表述更具体,目的是帮助学生思考自己的答案,解决困惑问题,建立学生的信心。有时,学生的回答可能基本上是正确的,但是过于宽泛或概括。在这种情况下,教师可以让学生提供案例或具体依据。

学生的回答有时可能是正确但不完整的。例如,如果学生在低于问题要求的认知水平下做出回答,这种情况发生的概率是 50%,教师可能会说"再想一想,再说说看",以鼓励学生在他们所知道的内容基础上,进行更深入的思考。最后,一些回答——即使是正确的——可能需要解释或辩护。也就是说,如果学生给出了正确的答案,但是使用了错误的推理,教师也会用适当的方法揭示这一点。

支架是有意义的

在一项关于四年级学生使用合作推理进行小组讨论的研究(Jadallah, Anderson, Nguyen-Jahiel, & Miller, 2011)中,教师在场,但不经常讲话,只在学生不主动说出文中依据时给予适当提示(例如,"故事中的哪些部分提到了它?")。研究人员发现,在教师提出要求后,学生会立即给出文本依据,下次回答时,即使没有提示,他们也会经常给出依据。依据的要求和使用形成了雪球效应,随后发言的学生一直在听关于依据的提示,更频繁地在回答中给出依据。这样,不仅教师的提示促进了学生使用依据,而且学生有依据的回答也促进了其他学生在回答中给出依据。

优质提问卡

面对学生的回答,应该怎么做?

当回答正确时——

- 使用思考时间2,让学生思考答案。
- 提出一个促进性问题,让学生深入思考。
- 问另外一个学生他是否同意第一个学生的观点以及原因。
- 确认答案的正确性。

当回答不完整时——

- 使用思考时间2。
- 询问学生如此思考的原因,例如,"你这样说的理由是什么?"。
- 重新表述问题。
- 要求学生复述问题。
- 提供适当的提示或线索。
- 从表4.1中选择提示。

当回答不正确时——

- 使用思考时间2。
- 对不正确的答案进行提示。
- 提供适当的提示或线索。
- 从表4.1中选择提示。
- 如果学生没有做出正确回答,重新提出该问题。
- 确保全班学生得到正确答案。
- 让原来的学生负责给出正确的答案(无"退出选择")。

当没有给出任何回答时——

- 使用思考时间1。
- 重复或重新表述问题。

- 让学生和身边的同伴讨论。
- 提供适当的提示或线索。
- 如果学生一直回答不出来，问另一个学生这个问题。
- 确保全班学生得到正确答案。
- 让原来的学生负责给出正确答案（无"退出选择"）。

表 4.1 促进学生思考的提示

提示原因	提示示例
当回答不正确时	- "你在回答什么问题？" - "告诉我你说……的理由。" - "我很想听你讲讲你得出这个答案的过程。" - "你这样说的理由是什么？" - "请给我讲讲你是怎么想的。"
当回答不完整或模糊时，要求阐述清楚	- "当你说……告诉我你说的是什么意思。" - "请给我举一个例子。" - "你怎么使用 ____ 这个词？" - "当你说他这样做时，你指的是谁？" - "你能用不同的词语表述答案吗？"
当回答太宽泛或概括时，要求给出依据或举出例子	- "给我一个 ____ 的具体例子。" - "你用什么依据来支持你的观点？" - "你在文中哪里可以找到具体的例子？"
当回答正确但不完整时	- "你这样说的理由是什么？" - "你还能补充一些内容吗？" - "对于这个，你还知道什么？" - "你已经说出两者之间的相似点了，现在我想让你思考一下两者的不同点。" - "我想听听你对这个答案的阐述。"
当回答正确但学生没有给出解释而教师想听到更多内容时	- "这适用于所有情况吗？" - "你为什么认为这是真的？" - "你有什么依据支持你的答案？" - "我想知道你是如何得出答案的。" - "你这样说的理由是什么？"

有趣的是，即使没有直接教授或鼓励学生这样做，学生也会迅速掌握寻找依据的技巧。教师可以逐渐让学生独立完成。贾达拉等人（Jadallah et al., 2011, p.203）指出，"孩子逐渐学会质疑观点的有效性，指出哪里缺乏依据并说出来，比如，'但故事里没有这样写'或'故事中的哪里是这样说的？'"。

提示也可以以其他方式影响学生的行为。在上述引用的研究中，教师还要求学生说清答案（通常与所使用的指代不明的代词有关）。这一举动不仅让当前的发言者回答更加清楚，接下来的第二名和第三名学生通常也会做出清晰的陈述。随后学生会彼此要求做出清晰的表达和阐述。

里奇哈特等人（Ritchhart, Church, & Morrison, 2011）通过研究"你这样说的理由是什么？"（What makes you say that?，简称WMYST）这个思考模式也发现了类似的结果。当教师在学生回答正确或错误之后经常提出这个简单的问题时，学生就会系统地说出支持他们观点的依据。教师发现，这几乎对每一个学科都很有帮助，因为当提出"你这样说的理由是什么？"时，学生在详细阐述自己最初的观点后，会更加充分了解提供依据的重要性。"你这样说的理由是什么？"的使用让学生说出他们观点背后隐含的内容。在由里奇哈特及其同事描述的一个四年级课堂上，小组的学生自发互相提问"你这样说的理由是什么？"。

有时，提供提示示例可能会帮助学生产生想法。在小组或大组讨论中，我们会把提示示例汇总后打印出来发给学生，供他们参考。这里有一些提示示例：

- 我喜欢你的想法。我自己没有想到这一点，我希望你能多说一些，并谈谈你是怎么思考的。
- 我想在你的想法基础上进行思考。
- 我注意到了你和之前发言的学生所说内容之间的联系。你们似乎都在表达_____。
- 你觉得××说得怎么样？你同意他的观点吗？为什么？
- 我对作者所说的……有不同的看法，你怎么认为？

师生协同

> 学生如何为同学的观点提供支持，特别是在小组学习中？

学习支架可以有许多来源，不仅仅来自教师。与学生讨论他们向其他同学学习的次数（校内或校外），以及帮助他人学习技能或知识的方式。向学生提出以下问题：

- 对你最有帮助的"老师"是谁？他是如何帮助你的？
- 你是如何帮助他人学习的？
- 当你能够帮助他人时，感觉如何？

建议你建立一个"学习者社区"课堂，在这样的课堂上，学生可以自由地互相帮助，并且会对可能出错的另一位学生（或教师）提供帮助感到很自在。向学生提出以下问题：

- 我们的班级如何才能成为真正的"学习者社区"？

首先倾听学生的想法，也提出你自己的一些想法。向学生提出以下问题：

- 当你需要帮助时，你会对对方说什么？
- "依靠其他学生完成任务"与寻求帮助后"自己做"之间有什么区别？

许多教师在课堂上采用"询问三个同学，然后我来讲"的顺序，鼓励学生互相帮助。其他教师则采用"打电话给朋友求助"的方法。问问学生使用这些方法可能会有什么好处。

与学生讨论选择角色对于合作学习的重要性。指导学生选择一些角色，确保所有学生都参与进来，寻求理解，澄清观点，并监督小组是否使用了针对性指导方案。小组中的角色可能包括：

- 协调者：保证团队继续进行学习，完成任务。
- 鼓励者：鼓励所有学生参与小组活动。
- 联系者：把两个或多个小组成员发表的言论联系起来。
- 陈述者：在他人的观点基础上进行扩展。
- 澄清者：提出问题以澄清另一个人的发言。
- 寻宝者：找出必要的资源和材料，以促进小组任务的完成。
- 监测者：评估小组遵循的一个或多个目标指导方针或规范（例如，思考时间、坚持完成任务、每个人的贡献、学生彼此认真倾听等）。

生生之间的支持对于第二语言的学习者来说非常重要。当学生开展小组学习时，教师要定期进行监督，确保学生得到正确指导。学生应经常使用老师建议的提示，例如，"_____ 用英语怎么说？"。研究表明，这种互动会促进英语学习者更加准确地讲英语（Gagne & Parks，2013）。

当学生以合作小组的形式进行学习时（参考第三章中提到的一种回应结构），需要注意的是，我们应该在必要时对其思考和讨论技巧进行监督和支持（Walsh & Sattes，2015b）。简单地把他们分成小组不能保证他们会深入学习或思考。例如，如果小组中的一个学生完成了所有的学习任务，那么教师需要走过来，向他们提出问题，确保两个学生都知道如何解决问题或完成任务。如果学生在讨论中没有发言，那么教师需要重新指导他们的讨论。教师要置身其中，询问学生应该如何回答这个问题，有没有其他答案等。教师不要直接帮学生思考或回答；但是应该提供必要的思考结构和支持，帮助学生聚焦问题，让学生自己负责推动小组的思考进程。

> **思考与讨论** >>>
>
> 先独立思考并回答以下问题,再与同事交流、合作进行探究。
>
> (1)学生之间互相帮助会有哪些阻碍?
>
> (2)你以前做过什么来鼓励同伴之间的互相帮助?有什么成功之处?

为什么支架对学习很重要?

我们曾说过,最常见的是,当学生回答错误时,教师就直接给出答案。我们知道,学生不能依靠教师的传授来学习知识,但我们常常还是这样做。如果一个学生不知道问题的答案,仅仅通过听教师说出答案,肯定不能保证他就弄懂了。事实上,由于相信教师肯定会给出答案,许多学生直接放弃了思考的责任,这本来是教师希望学生做到的。然而,提供"答案"似乎是我们许多人的第二天性,因为我们往往抵挡不住冲动,无力坚守,不会想方设法提供帮助来让学生得出正确答案。

皮科洛等人(Piccolo, Harbaugh, Carter, Capraro, & Capraro, 2008)引用了布朗和凯恩(Brown & Kane)的一项研究。布朗和凯恩通过研究发现,"说出自己想法的学生,无论是否得到教师指导,都胜过只是听教师讲解的学生"(Piccolo et al., 2008, p.403)。这是很有道理的,难道不是吗?一个说出完整而正确答案的学生——即使有教师或同学提供了帮助——会学得更透彻一些。"学生不仅要听教师讲,而且要真正地与同学交流并表达自己对所呈现内容的理解。"(Piccolo et al., 2008, p.404)

我们相信,当我们把课堂提问作为一种帮助学生建立联系、促进学生思考的方式,而不是一种从教师那里获取答案的工具时,就会看到课堂提问的潜在好处。当教师和学生都持这种观点时,教师给予学生的提示就会促进学生表达对隐含在问题中的概念或观点的理解。当教师和学生一起完善最初错误或不完整的答案时,即使在众目睽睽下,学生对提示也不会再感到尴尬。相反,教师的提示向学生传递了这样的信息:"我关心你当前的思考和理解水平。我想帮你更好地理解所学内容。我关心你，也关心你的学习。"

教师的提示也使高期望言辞落实到行动中，教师可以这样说："我希望每个学生都能够回答我提出的每一个问题。我会让每个学生负责回答每个问题。我将为那些理解有困难的学生提供支持和帮助。"即使提示本身为学生的认知处理提供了支架，这些情感信息也可以作为学生学习的强大动力。

复习与思考

我如何帮助学生建立联系？

提问实践	反思问题
让每个学生负责回答	● 如何让每个学生负责回答？ ● 有什么证据表明学生了解"无退出选择"策略？
提供适当的口头提示	● 我通常会如何思考提出问题的恰当答案是如何构成的？ ● 对学生"可能"的回答，我应该做何准备？ ● 当学生回答不出来时，我通常应该提供什么样的口头提示？ ● 当学生需要阐述、提供依据或举例说明时，我应该提供什么提示？
提供持续思考的时间	● 如何在课堂上监控思考时间（思考时间2）？学生是否参与对思考时间的监控？ ● 我是否有意地对成绩好和成绩差的学生使用同样的思考时间2？ ● 我如何知道学生是否理解并适当地使用了思考时间2？ ● 根据学生的答案使用思考时间2，然后决定接下来的行动，这样做有什么价值？
听懂答案背后的思考	● 当学生在回答问题时，我应该如何让学生知道我想了解他们是怎样想的，而不是听到"我的"答案？ ● 有什么证据可以表明我听的目的是分析而不是评价，从而在学生给出答案时了解他们的思考？ ● 我需要用什么非言语线索来表明自己正在试着了解学生的思考？

第五章
处理回应
教师如何使用反馈深化学生的思考与学习?

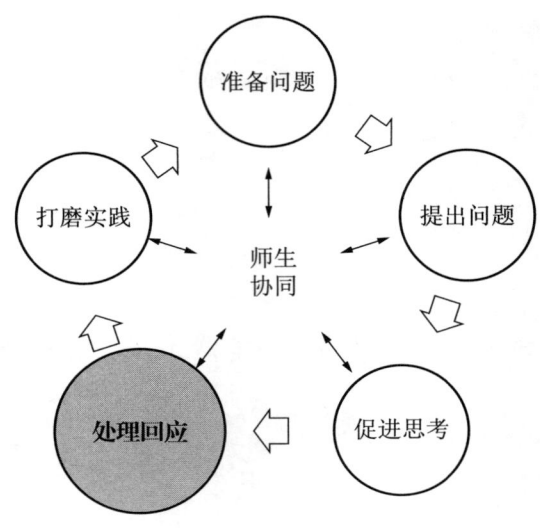

焦点问题

（1）有效反馈存在哪些维度和特质？

（2）教师应如何根据学生对课堂问题的回应确定下一步的教学内容？

（3）教师如何能确保学生接收和使用了与思考和学习相关的反馈？

（4）在学习周期的哪些阶段，精心设计的学生自我评估以及同伴评估能够为师生提供有意义且实用的反馈？

（5）为了深化学习，教师应如何培养和鼓励学生提问，以及推动优质的生生互动？

  学校的设置迎合了学习者被动学习的需要。如今，由教师主导的坐满温顺学生的安静课堂仍被看作"好"课堂。有略多于三分之一的学生安于此道。

  ——弗吉尼娅·奥基夫（Virginia O'Keefe），《为想而说，为说而想》（*Speaking to Think*，*Thinking to Speak*，1995，p.1）

"由教师主导的坐满温顺学生的安静课堂"是前几章中所提到的"传授—回答—评价"型课堂互动模式常见的目标和结果。在这种模式下，学生的思考与讨论会随着教师对学生回答的评价而终结。第四个与提问有关的核心实践，即处理回应，会引发师生间附加的提问和思考："那么，这是什么意思？""这个回答体现了何种学习水平？""我们接下来应该做什么？""我们需要解决哪些问题？""我们可以建立哪些联系？""我们应如何深化学习？"这些仅仅是保持师生学习活力、使师生学习由惰性状态转向动态过程所面临的小部分问题。

本章我们将聚焦学生和教师之间的同步学习，即（1）教师根据学生的回应来确定下一步的教学内容，（2）在理想的情况下，每个学生通过开展自我评估和使用教师反馈来深化内容理解和明确下一步的学习内容。我们之所以说"理想的情况"，是因为并不是所有的学生都能够凭直觉找到理解和应用反馈以促进学习的方法；许多学生在这一环节需要教师的帮助。本章我们将从学生作为教师反馈的使用者以及自我反馈的产生者两个角度进行探讨。

教师和学生都要将学生的口头回答视作形成性反馈的最重要的来源之一，这是优质提问的一条关键准则。这当中涉及一个核心实践：教师和学生为保持群体思考和对话的活力而对回应进行处理。除了使用反馈来促进自身学习外，学生和教师还可以使用以下方法处理回应，比如，增加或拓展回应、与相关观点建立联系以及针对回应提问题等。上述所有对学生回应的处理皆需要学生和教师的共同努力。这些做法可以突显观点，因此能够加深对相关知识的理解。

针对学生回应的反馈以及持续的思考和对话超越了将学生的回应当作终点的处理方式。学生做出回应后，会出现一个岔路口：一部分人在回应的基础上形成和使用反馈；而另一部分则将回应用作通向自由思维和对话，以及在讨论时不受评价性感叹言语约束的跳板。教师可以选择其中任一路径，而这种结果往往是可预测的：因为它几乎总是受制于所提问题的意图和水平以及相应的学生回应。如果问题的目的是建立基础或表层知识，或者检查学生是否理解了，教师大多会选择反馈法。另一方面，如果问题的目的是为了突显已知认识或加深理解，围绕新的概念所进行的持续的、拓展性探索和对话则较受青睐。当然，还存在第三种选择：两种方法都不选，终止并将互动暂停。这通常是最不可取的方法。

"几乎总是"是对我们的提醒，这也是我们在同一章讨论提供反馈和促进对话的原因。学生偶尔会在为建立基础知识而进行的背诵任务中提出问题或者以复杂且深刻的方式应对简单问题。这时，教师尽管已经准备好提供反馈，还是会转而开展自由对话。同样，当学生将错误的信息带入到涉及深层思维能力的开放题答案中时，教师便会调整方向从促进对话转向提供反馈。

提问，和教学一样，是一门艺术，由教师个人决定各种方法的使用时机。幸运的是，当中有许多十字路口，必要时教师可以指导学生交互前行——适当给予反馈和接受反馈，并在坚实的知识以及合理推理的基础上，提供机会扩展对话。不管是哪一种途径，都不能依赖温顺的学习者和主导型的教师。两种选择途径皆取决于教师和学生之间开明且诚恳的意见互换以及共同推动学习的努力。

在讨论处理回应这一环节时，就像我们对其所做出的定义——我们在前几章中重点强调了优质提问实践的各种做法。源自学生回应的反馈以及随后的课堂互动的价值，依赖并来自如下实践：

- 准备符合标准的优质问题，比如，与学习目标一致、有目的、符合认知水平以及易于学生理解等（第二章）。
- 创设安全的文化环境，让学生即使在不确定的情况下仍愿意做出回应（第三章）。
- 选择能尽可能让所有学生全程参与思考和作答的回应机制（第三章）。
- 让所有学生有思考时间来检索与回答问题相关的信息，并让学生持续思考自己或同伴的回答，然后再介入干预（第三章和第四章）。
- 策略性地使用提示，包括在学生做出回应时用于支持学生思考的后续问题（第四章）。
- 师生协同提高上述课堂实践的日常活力和效用。

在本书的开头，我们将优质提问定义为包含多个相互作用、相辅相成的核心实践的动态过程。本章中，你将在拓展和深化学习的师生合作过程中发现各个核心实践之间的联系。

有效反馈的互动性与双维度

形成性评价的热度不断攀升，一定程度上是源于对反馈在课堂交流中的本质和作用的再解读。教学反馈过去通常被看作教师对学生表现的反应和评价，目的是矫正知识。然而，它现在更多地被视作一种动态的力量，需要师生共同配合完成。布莱克和威廉（Black & Wiliam，1998）通过以下陈述捕捉到了这一新观点："所有的课堂活动都包含一定意义上的师生反馈，同时也是优质的师生互动所必需的，这是教学法的核心"（p.16）。我们的关注点，毫无疑问，在于生成反馈的优质提问。

> 如果只能选择对提问过程中的一个环节进行改进，那么我可能会选择处理学生回应。原因很简单，这也是建立关系的阶段，同样也可以在这个阶段建立学生的自信。为学生提供合适的反馈能够帮助他们（如果使用的方法对）变得更加自信，同时达到拓展学习的目的。我认为，它能够为学到更多提供助力。准备问题、提出问题和促进思考——这些都重要。但是在整个过程中，教师面对学生的发言所做的反应，在很大程度上会影响学生继续学习的欲望。
>
> ［阿拉巴马州蒙哥马利公立学校地区教育主管玛格丽特·艾伦（Margaret Allen）］

关于反馈，我们了解多少呢？反馈是提供给教师和学生的信息，用以描述学习者在特定学习目标上的表现（学习者目前的学习状况）以及学习者和教师可以采取的用于缩小现存差距的措施（Black & Wiliam，2001，2004，2010；Hattie & Temperley，2007；Sadler，1998，et al.）。

反馈要求聚焦和回答以下三个问题：

- 我将去向何处？我的目标是什么？（供给）
- 我将如何前往？已取得了哪些进展？（反馈）
- 接下来的目的地在哪儿？为取得更好成果需采取哪些措施？（前馈）

（Hattie & Temperley，2007，p.88）

理想的学习环境应该是教师和学生共同探寻上述三个问题的答案（Hattie & Temperley，2007）。以下陈述是我们在课堂提问的背景下围绕上述三种反馈问题构建理想学习环境的设想。

- 为参与有意义的反馈对话，教师和学生首先得在学习目标方面建立共同理解（比如，学习意图或学习目标）。然后，将焦点放在与日常教学目标相一致的数量有限的优质问题上。
- 一旦问题被提出来，教师需要和学生一起思考答案，只不过教师的重心在于预设理想答案的标准，而学生则努力在问题和主题知识之间建立联系。所有的学生都将倾听自己内心的声音，无声地对自己的认知进行评估。
- 在指定某位学生作答时，其他人应积极聆听并对内容展开评估，同时思考他人的回答与自身回答的差异。在发言学生阐述自身观点时，教师和其他学生一起对其进行评估。教师同时还需根据作答学生的回答对自身教学效果进行反思。
- 最后，教师确定下一步可能的教学计划，可能但不一定是向学生陈述反馈。同样，学生需要根据教师的反馈信息以及自身用于处理误区或建立正确认识的策略知识来确定接下来的学习计划。

上述内容是有关潜在的转换学习过程的认识，其中，教师和学生都是反馈的积极生成者和使用者。尼科尔和米利根（Nicol & Milligan，2006）认为，这种反馈法"比起信息传递，更像是某种对话"（p.7）。对话式的反馈意味着包含了多回合师生对话的高效反馈，使教师和学生皆能够接受和使用由学生对问题或任务的回应产生的反馈。高效的反馈对话使得原本隐晦的师生角色和责任更加具体。要想实现上述设想，教师需掌握有关提问核心实践的知识并致力于进行提问的核心实践、认同有效反馈的原则。致力于进行提问的核心实践可以理解为沉着、耐心地教授学生积极参与的技能。在讨论具体细节之前，让我们先来了解一下适用于所有层次的反馈原则。

> **思考与讨论** >>>
>
> 先独立思考并回答以下问题，再与同事交流、合作进行探究。
>
> （1）回顾有效反馈对话的相关设想。你认为自己在课堂上已经应用了哪些反馈实践？如果有，这些实践代表了哪些潜在的学习和成长领域（可以是你自己或者学生的）？
>
> （2）准备将你的观点与同事分享。之后，共同生成如何与学生合作以更好地实现这一设想的问题。

通过回顾研究文献，我们发现了与实际课堂上产生的有效反馈以及师生学习相关的 7 大特质：

- **互动性**：有意义的反馈产生于师生或者生生对话。它超越了把反馈看成是由教师到学生的评价性信息的单向传播（Nicol，2010；Ronsen，2013；Sadler，1998，2010）。
- **互惠性**：教师和学生之间的交流信息即教师的反馈信息（用于确定下一步的教学内容）以及对学生的反馈信息（他们可以做些什么来修正或拓展学习）。事实上，哈蒂（Hattie，2009，2012）的综合元分析表明，由学生到教师的反馈对双方而言都是更为重要的。
- **信息性**：有效反馈提供了学习者在指定学习目标上的水平信息，以及可用于缩小确定性差距以及促进学习的策略性信息（Brookhart，2008；Chappuis，2009）。

- **可理解性**：这意味着教师必须理解学生学习中的差距，同时在向学生传达反馈时，必须使用学生能够理解的表述（Sadler，1998；Wiliam，2011）。
- **及时性**：这同时关系到问题的传达（体现了前馈）以及与缩小现存学习差距有关的信息提供（反馈）。当学习者在教学过程中有了足够的知识、能够从反馈中获益时，可以适时提出铰链或策略性问题（Berger，2014；Wiliam，2011）。如果学习者缺乏基本信息，最好的方法是提供直接教学（Sadler，2010）。此外，在课堂对话中，旨在构建基础（表层）知识的问题回应需要教师提供即时反馈，而旨在支撑学生深层知识建构的问题回应则更适合用延时反馈。
- **可行性**：萨德勒（Sadler，1989）指出，信息本身不是反馈；只有在积极地用于改变差距时才能称其为反馈（p.121）。如果该问题不能为教师判断下一步最佳教学行动提供所需信息，也不能为学生接下来的学习提供指导时，便无法促成形成性评价。
- **能力建构性**：最终，教师产生和传达具有信息性、可理解性、及时性和可行性的反馈有两个目的：(1)帮助学习者纠正错误或误区，或者帮助他们验证理解，(2)发展学习者自我评估和独立生成反馈的能力。后者更为重要（Black & Wiliam，1998；Hattie，2009；Sadler，1998；Wilson，2012）。

反馈的首要目的是"在学习发生或发展的时候起促进作用"（Heritage，2010，p.13）。教师对学生回应的细致关注正是上述意图的反映。

学生的回应为教师下一步的教学提供反馈

哈蒂（Hattie，2012）认为，反馈是影响学生学习的十大因素之一，效果量 d=0.75，几乎是教师干预平均值的两倍。另外，哈蒂认为，"教师得到的有关学生水平的反馈比学生得到的反馈要更有效力，它强调了一种不同的与学生互动和尊重学生的方式"（2009，p.4）。哈蒂还发现，"提供形成性评价"是一项非常有效的教学策略（$d=0.90$），在 150 项确定的影响学生学习的因素中排第 4 位（Hattie，2012）。我们认为，优质提问是最有效的形成性评价方法之一，它从优质问题的准备和提出出发，以打开"学生思维的窗口"。威廉（Wiliam，2011）证实了我们的观点，课堂问题是最方便和最有效的形成性评价方法，同时学生的回应是实时的形成性反馈的丰富来源。

> **思考与讨论** >>>
> 先独立思考并回答以下问题，再与同事交流、合作进行探究。
> （1）哈蒂认为，学生给教师的反馈比教师给学生的反馈更重要，得知此结论时，你的第一反应是什么？有什么观点或证据来支持你的想法吗？
> （2）思考他得出上述结论的原因。

将学生的回应转换成给教师的反馈

学生对教师问题的回应不会自动转换成反馈。相反，恰恰是教师在提问过程中的关键性思考将学生的回应转换成了有价值的反馈（如图 5.1 所示）。

首先，教师需要设计一个能准确传达"供给"的优质问题，即对应了反馈过程中"我将去向何处？"的维度。教师在准备与教学标准和学生友好型学习目标一致的问题时要使用到深层的概念思维。上述问题的设计过程还应考虑到学生在该目标上的进展。反馈的有效与否与问题所基于的学习目标难度是否适中有关（Berger，2014；Black & Wiliam，1998；Hattie，2012；Hattie & Temperley，2007）。只有当问题在学生的"最近发展区"（ZPD）内时，它才能产生有意义的反馈。维果茨基（Vygotsky，1978）认为，最近发展区代表了学生学习的适宜的难度水平，因为有了教师、同伴或者其他资源帮助理解，该水平超过了学生现阶段的掌握水平。

第二，教师在提出问题时，应该已经明确了理想回应所具备的标准，同时使用思考时间 1 来帮助记忆。解释理想回应的标准，无论是在知识还是在认知维度层面，都是问题准备阶段的重要组成部分。在第四章，我们讨论了以合作方式产生理想的和"可能"的回应以及相应后续问题的价值。预先的思考和计划能够帮助教师做好实时的课堂交流准备，这是形成有效反馈对话的关键。

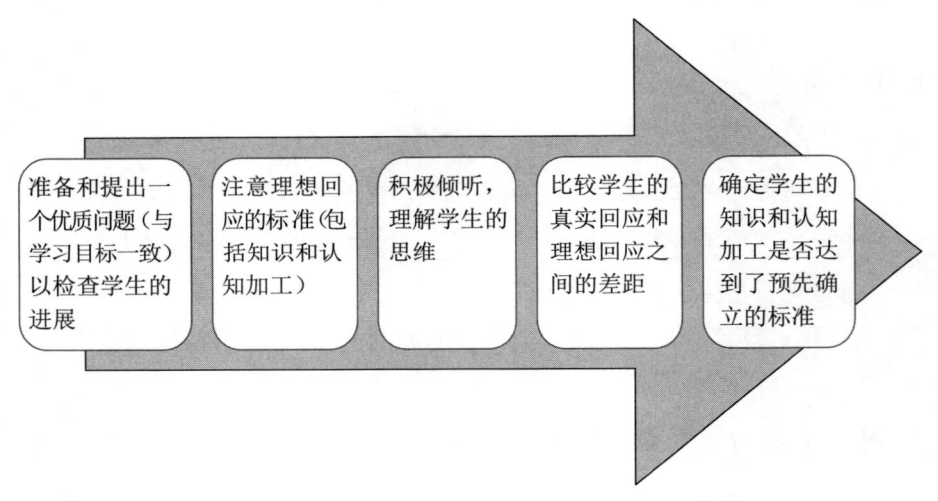

图 5.1　将学生的回应转换成反馈的教师思维图

当学生做出回应时，教师应积极倾听，不仅是听学生表述的内容，还要理解学生回应背后的思维。思考时间 2 可用于以下两种情况：(1) 比较学生回应和理想回应之间的差别；(2) 确定学生是否在规定的方向上发展或者学习是否有差距（Walsh & Sattes，2015a）。

我们在前面的章节中讨论过，探索性问题旨在查明确定的差距背后所缺失的具体知识或技能。学生具备必要的知识吗？如果没有，差距在哪里？学生能以预期的水平进行思考或认知加工吗？如果不能，应如何深化学生的思维？

使用学生反馈确定下一步教学内容

确定学生回应的正确性和完整性是把该回应用作反馈的第一步。第二步则是回答"接下来的目的地在哪儿?"。在这个决策的关头,往往存在三种行动方案,每个方案皆取决于学生具体的回应:(1)协助学生采取措施处理已知误区或知识缺陷;(2)支持学生对知识的思考(比如,处理认知加工错误);(3)继续进行下一阶段的教学,或者将其引入对当前问题体现的概念的深层思考中。表 5.1 详细描述了上述三种选择。

表 5.1　教师使用学生反馈确定下一步教学内容

学生给教师的反馈	教师回应
学生的回应反映了学生掌握的知识中的漏洞。	提供矫正性反馈或提出问题以帮助学生加深理解(第四章)。为学生提供补充资源,包括同伴学习或者重新教学的方式。
学生的回应反映了学生当前的认知加工水平和期望的认知加工水平之间存在的差距。	通过提问或者有声思考的方式为学生提供示范以帮助学生思考。如果可能且可行,可以让学生两人一组,其中一人为另一人提供示范和帮助。
学生的回应反映了学生的学习正朝着规定的方向发展。	确认学生的回应。继续下一阶段的教学,或者通过提问深化学生的学习。

表 5.1 中的框架可用于全班、小组或者一对一的讨论场景中的师生互动。它主要是用于处理与基础或表层知识建构相关的回应,但教师无论在何种教学环境或目的下,总是对解决事实或推理错误比较敏感。

师生协同

为什么学生向教师提供学习情况的真实反馈很重要?

当你在向学生强调思考问题的重要性,并让他们评估自身以为的认知水平时,先前的对话仍要继续。还记得第一章中所提出的期望吗?

> 利用教师的问题促进思考，而不是猜测教师的答案。

教师可以通过以下问题和学生一起回顾该期望：
- 你为什么会认为许多学生在试图猜测教师的答案？学生又为什么会认为这是理所当然的？
- 为什么教师掌握学生所知以及其思考方式如此重要？
- 如果教师只是针对学生都知道的内容进行提问，教学还有什么价值？

当你们在围绕上述问题开展诚恳的对话时，你和学生也许还会遇到其他问题。

讨论完以上问题后，就教师为什么要掌握学生的学习情况以及你在特定的环节为判断学生水平所做出的尝试与学生展开交流。你可以借助图5.1向学生解释教师提问时的思考过程；或者向学生传达你对他们思考过程——而不仅仅是答案——的关注；还可以使用思考时间1和思考时间2来反思和确定回答方式。你还可以与学生分享其他用来获取反馈的策略，例如，退出通行证等。

使用下列征询学生建议的问题结束上述合作环节：有什么方法能够帮助我掌握你的学习情况吗？记住，我需要知道你什么时候需要帮助以及什么时候真正理解并能够继续下一阶段的学习。

　　教师获取和使用学生反馈的主要和明显挑战是规模问题。教师如何随时从所有的学生中获取反馈？简单的回答是，我们做不到！稍复杂一些的答案是，我们可以设计和使用组织结构，让学生以搭档的方式提供反馈。我们在第三章中提供了一系列教师可用于鼓励所有学生参与思考和回应的结构，而第四章则聚焦"让学生全程参与"以及"全神贯注地"倾听和学习的策略，即使学生尚未被指定公开作答。

除了上述结构和策略之外，我们现在补充一个更有挑战的，甚至有人认为不太靠谱的方法：学生有责任主动向教师提供反馈。该方法要求加强课堂文化建设，使得每个学生都能感到被重视、被关心，并且能有舒适的学习分享环境。学生相信，在与教师共同确定学习上的不足之处时，教师将会以上面所列出的帮助类型做出反馈；学生相信，他们的教师是真正关心自己的学习的。该层面的学生自主学习意识的发展是一个循序渐进的过程，需要对文化和结构展开持续的关注。同时学生自我评估和同伴评估能力的发展也同样重要，关于此，我们将在本章后续篇幅中予以讨论。

如果教师能够在特定课堂上获得全体学生的反馈，那么考虑到学生学习水平参差不齐的现实，教师又该如何做出回应呢？之前我们引用过纳托尔（Nuthall）有关学生学习背景知识广泛差异的研究成果。该研究的重要结论之一是，背景知识的差异分布不均，不同学生了解不同的事情。我们不应假设同一班学生在所有的专题领域都缺乏基础（2007，pp.35—36）。

背景知识的差距引发并加剧了与不同学习速度相关联的挑战。这就需要将第二章中的两种问题类型——激活旧知的问题和诊断性问题——合并在一个单元设计中。这两种问题类型是形成性评价的特殊且重要的形式。在学习周期的伊始，通过评估和处理学生优缺点，教师可以：(1) 支持学生克服初始差距，从而预防差距拉大，或者（2）提升已经有基础的学生的学习进度。教师可以使用表 5.1 中强调的策略来处理这些初始差距。

基于学生给予教师的反馈，我们可以认为，每个学生的学习进度都不一样。然而，我们当中仍有很多教师在设计和教学的过程中皆默认所有学生的学习进度都是一致的。汤姆林森（Tomlinson，2014），一位长期倡导差异化教学的专家，基于反馈数据为学生的后续学习提供了差异化教学的指导。教师可以将优质提问提供的反馈用于实现上述目的。

教师的反馈为学生下一步的学习提供了方向

我们认为，学生给教师的反馈之所以重要，其中一个原因是，良好的教师—学生反馈取决于学生—教师反馈。教师只有以了解学生学习状况为目的来处理学生的回应，才能向学生提供准确且有用的反馈。在这一部分，我们将研究这类反馈的构建方法并帮助学生使用该反馈。尼科尔和米丽根（Nicol & Milligan，2006）提醒我们，"优质的外部反馈是指能够用于帮助学生检测自身表现并进行自我修正的信息；即帮助学生以实际行动消弭他们的目的和产生的'结果'之间的差距"（p.208）。当我们从学生视角回顾上述三个反馈问题时，应将此牢记于心。

明确目的地：我将去向何处？

第一个问题与学生的学习目标和成功标准有关。如果学生没有目标，或者该目标超出了他们现有的能力水平，反馈便没有价值。因为优质提问需要学习目标的推动，所以这些问题要想生成有效反馈必须与学习目标相关联，同时学生要跳出舒适区进行思考。

学习目标

大多数教师都知道为什么要交代以学生为中心的学习目标并在课程开始时与学生分享这些学习目标。这些初始举措有助于学生内化课程学习成果：从将课堂经历视为一系列的活动到聚焦预期学习，以及从以插话的方式回答问题到理解每个问题与学习目标以及其他问题之间的关系。还有一点很重要，学习目标支持学生的自我评估，让学生能够回答第二组的反馈问题。交代的目标便是当天目的地的直观提示。

但是，如果学生要完成全部的学习目标，教师必须在整个上课阶段时刻将学生的注意力引到这些目标上。例如，在学生做出正确回答之后，教师可以针对相关目标，询问另一位学生："这种理解有助于我们达到今天的学习目标吗？"该做法直接要求学生提供反馈。另外，教师还可以采取回归学习目标的方式有效地结束某特定课程。一开始，学生先独立反思自己在学习目标上的进展以及所使用的策略，然后教师请学生在全班面前分享他们有关当天学习的看法。伯杰（Berger，2014）将此称为"课堂汇报"（class debrief）（p.74）。

成功标准

除了学习目标外，课堂还有成功标准，这样的课堂要求学生积极且高效地管理自身的学习，同时进行自我评估并使用教师反馈来调整自身的学习。成功标准向学生传达了：（1）教师希望在学生回应或学习成果中看到的内容，（2）学生回应的评估依据，以及（3）学生自我评估的标准。有许多种确定成功标准的方法：与学生共享教师制定的量规，提供先前课上的代表不同表现水平的标准样例，邀请学生参与制定课堂学习标准，提供样例等。许多教师选择与学生一起制定成功标准。这种做法也体现了师生合作。

表5.2提供了一则与学生参与课堂口头问答有关的成功标准示例。其中有四个类别：知识、认知加工、发言和倾听技能，以及对后续问题的回应。有关知识和认知加工的标准会依据具体的问题需求而有所不同。如前所述，教师需要将理想回应所具备的标准作为准备问题阶段的一部分。这意味着要确定：（1）理想回应所要求的基础知识，以及（2）期望的思维水平。在课程计划阶段与同事就上述两方面展开交流有助于在实时的课堂教学中更好地评估和提供反馈。

表 5.2　优质提问课堂上口头回应的成功标准

知识	认知加工	发言和倾听	后续问题回应
• 包含正确且完整的事实、概念、数据。 • 如果需要，应用合适的程序或技能。 • 使用学术词汇和术语。 • 通过使用样例、提供文本证据，展示深层的知识理解。	• 展现问题所要求的认知加工水平。 • 与先前课堂或其他学科中的观点或概念建立联系。 • 如果需要，就不明确的地方进行提问。 • 展示推理以及模式和关系确认中的深层加工过程。 • 用好思考时间 1 和思考时间 2。	• 清楚表述并提高音量，以便所有人都能听见。 • 除了教师之外，还需向同学做出回应。 • 使用完整的、语法正确的语句。 • 组织和排列词语，以确保意思明确。 • 在同学回答时看着该同学，并通过非言语线索表达关切。 • 能够转述同学的回应。 • 用好思考时间 1 和思考时间 2。	• 根据线索和提示进行回应，试图找到一个更加正确或者完整的答案。 • 在可能的情况下，通过使用思考时间 2 以及对反馈、教师问题或学生问题的回应，努力完善初始回答。 • 应教师或同学要求，扩展或详细阐述初始的正确回答。

在口头提问的课堂上，教师需清晰阐述有关发言和倾听的要求。如果学生要开展学习交流，应提高声音（使用公共发言的音量）并努力听懂同学的发言。我们必须将上述要求传达给学生，否则他们将延续以往的习惯，要么含糊不清，要么只对教师说，要么在提问互动中只是倾听等。分享并定期强调这些要求有助于建立一个真正的互惠型课堂。此外，在这里也有必要强调一下，重复某个学生的答案会给其他学生造成自己只需倾听教师所说、不用认真倾听同学发言的假象。如果学生之间想要互相提供反馈，使用公开发言的音量这一要求便显得尤为必要。

同样，教师需向学生明确在理解和使用后续问题过程中的相关要求。学生要知道，在他们的首次回答不正确、不完整以及即使完全正确的情况下，后续的问题都是他们拓展学习的机会。这组要求强调了先前分享的与后续问题相关的规定。

师生协同

为什么要通过对话掌握学习进展？

许多学生已经习惯了等待教师评定其答案是"正确"还是"错误"并公布正确答案。他们也许是缺乏自信和参与评估与纠正自身学习的技能。这正是优质提问所要竭力攻克的。如果学生在思考时似乎过于依赖教师，那么你将从何着手？

首先，要求学生主动与你分享困惑。学生应向你说明自己在学习目标上的进展，并明白你全面掌握此类信息的重要性。如果你不知道学生的知识漏洞便无法帮助学生理解。你提问的目的是为了找出他们思维中的错误，但有时不知道该提什么问题。因此学生应将学习中的困惑与你分享。

其次，不断强调学生要在"不理解时"提问。这适用于多种情况：当他们无法理解你或某个同学的解释时，当他们无法理解所读内容时，当他们不清楚同伴回答的意思时，等等。当学生有问题时，鼓励他们举手提问。告诉学生这是思考时间2的目的之一：在课堂话语中为他们的提问预留时间。

再次，请学生尝试向班级中看似有学习困难的同学解释某个程序或概念，经常邀请学生为同伴的问题提供解释。可以让负责回答的学生讲述其理解问题的方法，而不仅仅是给出答案。

最后，如果有一个好问题能够引导学生进行自我反思和建立联系，尽量不要告诉学生"答案"。向学生解释思考者即学习者：你在回答问题的同时也在强化联系和理解。如果学生想要完成学习，他们必须从记忆中搜索那些可以用来构建自己理解的核心知识。

当然，评估和反馈对话依赖全体师生相互尊重、信任、安全和高期望的课堂文化，即我们在全书中讨论的文化。

一些教师将表 5.2 张贴出来以便向学生展示示例性回应的构成。他们还参考它为学生的口头回应提供具体、清晰和有针对性的反馈。我们的反馈越具体，对学生的学习就越有益。你可能需要结合学生的年龄和年级水平以及你所教学科或重点内容对这些通用标准（适合所有学科领域和年级水平）进行改编。

估计进展与确定差距：我将如何前往？

第二个问题是一个传统的反馈问题：我将如何前往？这与学习差距也有关系，即某学生目前的学习状况与他应有的学习水平之间的差距。理想情况下，学生自己能够在思考教师问题、评估自身掌握的与问题相关的知识以及通过倾听同学发言确认或修改自身思考的过程中开展此类评估。教师也是这类信息的提供者，他们可以在与学生的互动过程中为学生个人提供反馈，也可以在面临大规模的理解误区时提供集体性反馈。

> 学生需要真实和建设性的反馈。如果打着"保护"学生的旗号而不据实以告，学生将学不好知识。他们需要接受建议、指导以及否定性和打击性的反馈。阻止建设性批评不利于学生建立自信，对他们的将来无益。
> （Dweck，2006，p.182）

在提供小组反馈时，伯杰（Berger，2014）将"扶和放"应用在了一系列策略中，包括教师在课堂上对学生回应的监控（一般在学生以合作小组的形式进行讨论时），确定反复或普遍的误解或错误，以及集中进行反馈和开展针对性教学以纠正误解。实际上，这一策略同时给教师和学生提供了反馈：教师可以据此确定下一步的教学步骤，学生也可以借此纠正自身的思维。这是有互惠关系的两种反馈的具体示例：学生—教师反馈和教师—学生反馈。如图 5.2 所示，它们之间相互关联且呈周期循环。

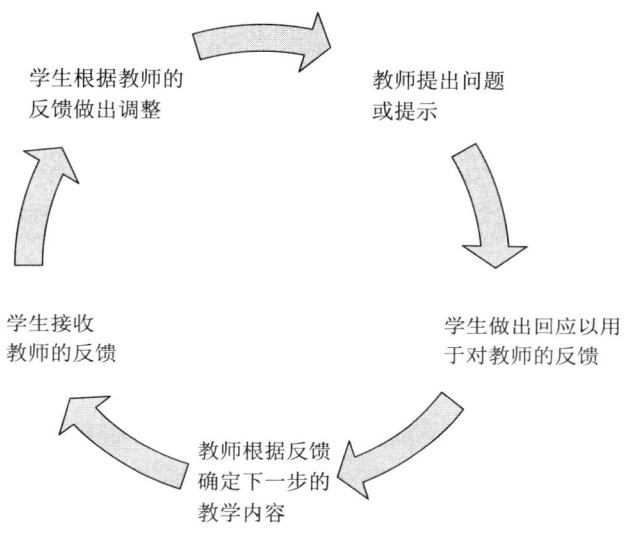

图 5.2　反馈和中途纠正循环图

用于构建基础知识的反馈类型和用途

教师给学生的反馈是基础（表层）知识（即准确且完整的以及为更深层次的加工做准备的知识）发展的重要动力。在这种情况下，问题几乎总是具有相似性（正确答案的数量有限），目的是为了帮助学生发展深层次加工所需要的表层知识。

当提问的目的是构建基础知识时，教师提供有效反馈的作用有三：（1）确保所有的学生都知道某特定答案正确与否；（2）确保所有学生都知道对每个问题的最完整、最合适和最正确的回应；以及（3）帮助学生将新知识与先前的学习和经验联系起来，从而帮助学生将新信息转化为长时记忆。

在这种情况下，所有的学生回应都需要和应当有相应的教师反馈。拒绝给学生提供反馈是对其回应的贬损。研究结果表明，与成绩高的学生相比，成绩低的学生较难从教师那里了解自己的学习情况。然而，我们也从研究中得知，与其他学生相比，成绩低的学生需要更多的反馈，无论是用于知识确认还是纠正。为什么呢？因为他们长期缺乏一种可推动其努力以提升成绩的成长型思维模式（Dweck，2006）。有效反馈融合了德韦克"你还没有学会；差距在这里"的理论以及我们下面将讨论的"若干可以用于取得更好进步的策略"（p.213）。表5.3提供了几种可选择的反馈类型，并解释了每种类型的预期效果以及使用时机。

表 5.3　用于构建基础知识的教师反馈类型和使用时机

反馈类型	意图	使用时机
验证或确认	确认并强调学生掌握知识和思考的正确性。	学生对某求同问题（知识深度水平为DOK1或DOK2）的回应正确且完整。
指导或纠正	告诉学生他们最终的回应不准确或不完整，要么核心术语使用错误，要么没有达到期望的认知加工水平；一般通过指导性教学提供正确信息（比如，再教学）。	学生看似理解了问题内容（比如，展现出复述问题的能力），但是即使有提示，仍无法做出回应。存在知识漏洞。用于学生刚开始学习某知识的初始阶段。
促进或阐述	通过使用线索、提示、暗示和支架，支持学生追寻正确的回应（如第四章中讨论的那样）；指导学生修改或重建概念；帮助学生"获得认知基础"（Shute，2008，p.163）。	学生有足够的理论基础来有效使用后续问题；学生的初始回应要么不完整、模糊，要么存在隐藏误区。注意：如果学生缺乏先决知识，促进性反馈是没有价值的（Sadler，2010，p.537）。
否定	鼓励学生关注问题或采用适宜课堂的方式进行回应。	学生没有倾听或者使用了不礼貌的或其他不合适的方式进行回应。注意：教师的反馈应该坚定，但同时表示出尊重。

续表

反馈类型	意图	使用时机
表扬	告知学生他的回应或行为很棒。	学生的回应体现了复杂的高阶认知技能，表扬应该依情况而定，具体、可信且真诚，要聚焦努力，而不是天赋或智力。有效表扬关注的是学生的表现，而不是个人天赋。
批评/讽刺	打击或羞辱某个学生。	无
无	让学生持续思考和发言，并为更多学生的表达提供对话机会。	学生在讨论中回应开放的、高阶问题；学生互相回应和提问。

关于表扬的注意事项

表扬是一种特殊类型的反馈，超出了对学生答案的评估。它通常被视作一种积极的学习和行为强化；然而，教育研究者在很久以前就认识到，表扬与成就之间的关系并不简单（Hattie & Temperley，2007；Wiliam & Leahy，2015）。

那些质疑表扬的用途和效果的人对其进行了越来越多的推敲。其中，特别突出的评论家当属德韦克（Dweck，2006），她曾经在成长型思维模式与固定型思维模式方面进行了突破性的研究。德韦克提醒大家，以学生的智慧或才能为重点的表扬是有害的（例如，"这个回答多么明智！"即使用于最佳的学生回应也不合适）。在她的畅销书《思维模式》(*Mindset*)中，她报告了一项由成百上千的青少年完成的、具有挑战性的、共计10道题目的测试研究结果。所有被试都完成得相当出色，所有人都接受了表扬。然而，其中有一半的人因为他们的能力而受到赞扬，即教师告诉他们，"你一定非常聪明"。另一半学生则因为他们付出的努力而受到赞扬，即教师告诉他们，"你学习一定非常认真"。德韦克称，两组学生在这次测试之前水平相当，但是，如她所预期的那样，"能力"组的学生发生了变化。在初始测试后，他们与"努力"组的差距拉大，不仅拒绝接受具有挑战性的任务，而且在接下来的测试中的表现也不尽如人意。面对失败，努力组决心更加努力，并愿意在未来付出更多精力，而能力组却将理由归为他们不聪明，同时停止了努力。

哈蒂（Hattie，2012）将表扬称为自我层面的反馈，同时，如德韦克一样，他提供了使用表扬的注意事项，如建议将表扬与其他反馈信息分开。引用海兰等人（Hyland & Hyland，2001）的观点，哈蒂说道："几乎一半的教师反馈使用表扬，草率的和没缘由的表扬会使学生感到困惑，同时打消学生完善答案的积极性。"在哈蒂看来，"表扬最不利的影响是纵容了习得性无助；学生为了获得表扬而参与学习任务"（p.121）。

在上述研究开展的几十年前，布罗菲（Brophy，1981）在回顾几十项研究的基础上，撰写了一篇关于表扬效果的创新文章。他总结道，表扬与学生成就不相关。事实上，他提醒了大家不要为积极影响学生的学业表现而使用随意的表扬。布洛菲认为，表扬要想对学生学习起正面的强化作用，必须满足四个条件：

- **依附性**。表扬要想达到强化的目的，必须依附于某个已知的、期望的行为表现。而大多数情况下我们没有做到这一点。布罗菲称，教师经常会更换标准。某天的表扬标准可能到第二天就变了。有时即使学生的答案不正确，教师也会表扬学生。这种情况多见于成绩低的学生，而他们经常会"看穿"这种错误的（虽然是善意的）表扬并觉得受到了侮辱或者感到沮丧。
- **具体性**。要想达到强化的目的，表扬必须具体。布罗菲指出，大约只有5%的教师能达到上述要求。
- **可信性**。要想产生有效的影响，表扬自身必须有效，同时有证据支持。此外，学生必须相信表扬的内容是真实的。
- **真诚性**。要想让学生接受，表扬必须令人感到真诚。布罗菲写道，有时教师的口头表扬与他们的非言语表达自相矛盾。这主要集中在教师认为的有"行为问题"的学生身上。

此外，布罗菲认为，表扬的有效性取决于另外两个变量：

- **频率**。理想的频率与学生的年龄、发展和能力水平有关。与高年级学生相比，低年级学生需要更多的表扬。事实上，随着学生在学校的发展，他们逐渐减少了对这类强化的需求。成绩低的学生，如之前提到的那样，较其他学生而言需要更多反馈、更多表扬。当然，这里的表扬默认满足上面列出的四个条件。
- **分配**。布罗菲认为，最需要表扬的学生，即成绩低的学生，没能"公平"地受到表扬，而成绩高的学生比其他学生获得了更多的教师表扬，且不一定是由于他们较高的正确率。因为即使成绩低的学生回答正确，较成绩高的学生而言，他们也较少获得表扬。其他研究表明，教师会将学生成绩与其可能的努力情况挂钩。他们通常会认为低成绩者即不努力者，与高成绩者相比，这些学生处于劣势。

鉴于表扬长时间地被广泛应用于我们的学校和家庭中（以及它潜在的意想不到的破坏性影响），德韦克的以下观点就显得特别有道理：

> 这是否意味着我们不可以在孩子做对事情的时候热情地表扬他们？我们应该尝试遏制对他们成功的钦佩吗？并不是这样。它只是让我们回避某种特定的表扬，即对孩子智慧或天赋的表扬。或者暗示孩子，我们为他们的智慧或天赋而并非他们所付出的努力感到骄傲。
>
> 出于发展导向的目的，我们可以根据需要尽可能多地表扬孩子，比如，赞赏他们通过实践、研究、坚持和良好的策略所得。我们还可以通过某种敬佩和赞赏孩子努力和选择的方式了解他们的学习情况。
>
> （Dweck，2006，p.177）

这些研究成果提供了一条重要信息：要表扬学习困难学生的努力、坚持、良好的选择和学习素养。提醒他们,虽然他们尚未达成学习目标,但是继续努力便可达成。

确定下一步的学习计划:接下来的目的地在哪儿?

教师针对学生回应提供的信息不会自动转换为反馈。只有当学生使用它来改变已确定的学习差距时,它才会成为反馈(Sadler,1989,p.121)。换句话说,我们不能以为只需向学生提供反馈,他们就自然知道用它来做什么。学生有效使用教师反馈有多个先决条件,每个先决条件反过来都受可识别因素的影响。其中有小部分因素由教师掌控,而大部分都建立在师生合作的基础上(如表5.4所示)。

表5.4 学生使用教师反馈的先决条件

先决条件	有利因素	类别
学生必须关注并接收教师的反馈。	●学生与教师的关系。(S/T) ●信任和开放的课堂文化。(S/T)	动机
学生必须理解教师反馈的意义。	●教师使用学生理解的语言。(T) ●学生积极倾听并努力理解教师的话语。(S)	认知
学生必须相信自己能够达到期望的理解水平。	●学生的思维模式。有成长型(或学习型)思维模式的学生认为自己能够使用反馈促进学习。(S/T)	信念/思维模式
学生必须认识到他的初始回应与理想回应之间的差距也许很大。	●学生的知识水平。如果反馈包含的内容或语境提示超越了学生的最近发展区,那么学生便无法使用该反馈。(S/T)	认知
学生必须能够在反馈中提供的支架与自己目前的知识/理解水平之间建立联系。	●学生能够将教师的反馈与自己的错误进行对照,并应用该信息纠正自身的思考错误。(S)	认知

续表

先决条件	有利因素	类别
学生必须愿意容忍并克服不确定因素，坚持思考。	● 学生的自我效能，他相信努力和坚持便会有收获。（S/T）	动机和思维模式
在需要使用反馈时，学生能够收到反馈。	● 教师对学生的知识水平进行评估，并根据该信息判断是提供反馈还是进行指导性教学。（T）	认知

（说明：S= 学生，T= 教师，S/T= 学生和教师）

通常，我们会把学生未能使用教师的反馈归于单一的因素。也许是"他学习态度不好且不在乎"，或者"她不知道从何处着手，只能祝她好运"。事实上，影响多数学生接受和使用教师的反馈以促进学习的因素往往很复杂。

> **思考与讨论** >>>
>
> 先独立思考并回答以下问题，再与同事交流、合作进行探究。
>
> （1）回忆一个在课堂提问时经常不使用你提供的口头反馈的学生。然后回顾表 5.4，从第一列中找出最有可能影响该学生回应意愿的先决条件。为了鼓励他进行反思并明确可能影响他不使用反馈的因素，你会向该学生提哪些问题？做好与同事分享的准备。
>
> （2）同事之间分享反思与见解。初步分享之后，思考以下问题：我们应如何应对导致学生无力或不愿使用课堂反馈因素的情况？

做好平衡

为有效地使用反馈，教师需具备意向性和灵活性，同时不断开展非正式的和正式的监控，以持续从学生那里获得反馈。教师要意识到，在评估班级学生的学习情况时，密切观察学生的非言语线索与提出并评估口头提示同样重要。尤其当其中一位学生的回应正确，却缺乏正式的机制来评估未回应学生的理解水平时更是如此。在这种情况下，教师可以通过"阅读"所有学生的面部表情和肢体语言来实施监控，并配合使用非言语信号（比如，拇指朝上或拇指朝下）来检查学生的理解。这样做是为了发展学生自我监控和自我评估的能力，同时培养他们在不理解时勇于提问的自信。我们将在接下来的内容中探讨教师可用于帮助学生发展这些自我监控技能的方法。

当学生的自我评估和帮助学生验证重要事实和概念的直接反馈之间实现了平衡时，反馈效果最突出（Black & Wiliam, 2001），接着教师要无缝衔接地帮助学生将该信息与先前的知识联系起来，以加深理解。可以参考以下某生物课的教学过程。

教师问学生："植物细胞和动物细胞有什么差别？" 3～4秒的思考时间1过去之后（目的在于为所有学生提供思考和无声回应的时间），教师让一个学生回答。学生答道："嗯……植物细胞有细胞壁……还有叶绿体。动物细胞没有。"教师等了4秒钟（思考时间2，为回答问题的学生及其他学生加工信息、评估答案的正确性和持续思考提供机会），学生补充道："植物细胞有规则的形状，而动物细胞没有。"又过了3秒钟，学生回答道："植物细胞有大的液泡。动物细胞没有。"教师又等了一会儿以确定学生已经结束作答。他笑着向该学生点头道："对。你正确地列举了两类细胞之间四种主要的区别。我非常欣赏你能够在班上用所有人都听得见的声音进行发言。"（验证反馈）

接着，教师要求所有学生绘制这两种细胞的简单草图；几分钟后，他点名让两位学生在白板上分享他们的素描。教师有意选择了两位中等水平的学生公开展示他们的作品。当他在课堂里走动以进行监控时，就已经验证过这两位学生作品的正确性。在这两位学生上来后，教师指导其他学生与同桌分享和比较各自的作品。学生之间互相提供反馈，而教师则会在学生有困惑时出现在学生桌旁。教师通过提问题的方式帮助这些学生明晰误区。最后教师让所有学生将他们的作品与白板上的两幅作品进行对比,并且让他们就这两种细胞类型的结构进行提问或评论,以此结束本课。

这时,教师又提出了一个问题:"你认为植物细胞和动物细胞如此不同的原因是什么呢?用几秒钟时间思考并想出至少一个原因。"教师为学生思考提供了12～15秒钟的时间。然后他走到白板旁并说道:"我们来列一张表。提醒大家一下,这里没有正确或错误答案。我只是想知道你是怎么想的。"在学生形成回应和倾听同伴的过程中,建立联系已经上升到了另一个层次——长时记忆可能已经形成。学生已经能够在将已知信息(植物细胞和动物细胞的不同)与在其他地方学到或感知到的内容联系起来的层面上使用知识。他们积极参与猜想。当学生开始掌握自身的学习时,教师则退出主导地位。随后,他会要求学生逐一验证每个主张,以明确其有效性。现在,他已然沉浸在活跃和积极思考的课堂氛围中。

当学生在这节生物课上使用基础知识建立理论和进行猜想时,他们对重要区别的理解加深了。这是一则教师如何平衡使用各种类型的反馈以加强和扩展学生知识的具体示例。相较于那些在常规回应模式中依次回应低水平问题,且在每次回应后都要接受教师确认或纠正的学生而言,该生物课上的学生更有可能在经历这样的学习过程后牢记关键概念。同时,这些学生更有可能对周围世界产生真正的兴趣,寻求机会继续深化他们的理解。

该教师还将权利下放,让学生自主掌握学习,去进行猜想和假设、参与共享式问询。当学生进入该开放式学习阶段后,他没有提供反馈。

反馈可能会终止讨论

所有类型的反馈通常都用于结束或终止某个学生的回答。验证性或确认性反馈对于学生发展表层知识非常重要，它同时能够加强和推动有效的课堂节奏。然而，在没有单一"正确"答案的讨论中，简单的反馈会干扰甚至终止学生的思维。在这种情况下，应小心谨慎地使用各种反馈类型。真实讨论的目的之一是为学生发展表达自信提供氛围和机会。讨论应该鼓励学生从依赖教师确认或纠正向独立思考和表达的方向发展。想象一下，如果上述生物课上的教师对学生的每个假设都用"非常好！"或者"很好的想法！"进行回应，将会出现什么情况。这非常有可能打消其他学生（尤其是班上不太自信的学生）提供想法的念头。

大多数教师认为，在讨论中很难保留反馈意见，因为我们都习惯于相信"即时反馈很重要，"同时人类的天性就是向那些提供正确回应的人，或者与我们想法一致的人，提供积极的强化。然而，如果目的是为了在拓展的讨论过程中延续学生的思考，可以采用直接反馈的替代方法。狄龙（Dillon，1988）提供了七种在讨论中广泛使用的反馈替代方法（如表5.5所示）。通常，当中最有效的便是刻意沉默。正如一位同事所说的那样，如果有必要的话，"拿出胶带"！

表5.5　优质提问卡（QQ卡）

讨论中的反馈替代方法
1. 进行简单说明。 　　示例："你阅读到的内容不一定是真实的。"
2. 转述你所听到的学生的回答。 　　示例："所以你认为……（转述学生的陈述）。"
3. 描述你的思维状态。 　　示例："我对你所说的内容感到很困惑。"
4. 邀请学生进行详细阐述。 　　示例："你也许能够提供一些例子，以帮助我们更好地理解。"
5. 邀请学生提问题。 　　示例："你有哪些问题？"

续表

讨论中的反馈替代方法
6. 邀请其他同学问该学生一个问题。 示例:"有人对卡拉的陈述有疑问吗?"
7. 刻意沉默。 (使用思考时间 2)

(注:本表仅仅是提供参考建议,也许有利于学生在某个主题上进行更多的思考)
(资料来源:改编自 Dillon, 1988)

讨论是一个平台,学生在其中可以构建更深层次的个性化理解,从掌握孤立的知识块到建立联系,以强化独具个性的图式。然而,如果学生想成为课堂讨论的有效参与者,他们需要发展自我导向和自我监督的技能。重要的策略包括自我评估的能力、给予和接受同伴反馈的自信,以及在困惑或好奇时提出问题的意愿。

培养学生提问与产生反馈的能力

某观察者问一位五年级的学生:"你如何知道自己步入了学习的正轨呢?"思考了几秒钟后,学生回答说:"我通过使用自己内在的声音。"观察者想要了解更多关于"内在的声音"的信息,于是要求该学生再多说一些。学生进一步解释道:"我会在头脑里自己问自己问题。如果我能够非常快速地回答并且提供示例或证据,那么我便知道学习方向正确。然而,如果我不能快速地回答问题,那么我便需要返回上一阶段并使用学习资源。"随后,学生指向科学杂志,并将学习目标称为他的资源。

使用教学策略支持学生

听到这个故事后，我们认为，这就是关于如何帮助学生为发展和使用那些内在声音进行自我监督与评估。该学生实际使用的是自我言语和自我提问技能，哈蒂（Hattie，2012）认为，它们对学生的成绩有极大的影响，其效果量 d=0.64，在他所列的150项影响因素中排第21位。我们喜欢这位年轻的学生所表达的元认知学习方法，同时想知道，我们应如何帮助所有学生挖掘自己内心的声音？这里没有魔杖，但是我们可以提供三种策略，每种策略听起来都很熟悉，因为之前依次介绍过：（1）在将反馈纳入日常课程时，有意、透明且持续地为学生提供示范。详细说明三大反馈问题，并在这一过程中进行有声思考。（2）为学生参与反馈循环中各个重要环节的内在加工预留时间（思考时间1和思考时间2）。（3）为个体、两人一组或小组内的学生提供回应结构，以帮助他们生成和使用反馈。当然，还要继续与学生一起创造一个有高期望值的课堂文化，其中包含了支持、相互信任和尊重。

示范

正如我们一直所建议的那样，教师需要向学生示范期望的提问、思考和学习类型。有些学生能够通过观察迅速掌握教师所用的策略。然而，多数学生仍需要我们明确指出正在做的事情和意义。这是一条普遍要求。对此，我们提供两种策略。

第一，向学生明确学习的过程，重点落在提问和反馈上。图5.3是一种直观图示，将学习描绘成一段依赖学生参与设定学习目标以及监控学习过程的旅途。它

> 能够准确定位自己学习者的身份并且命名和监督自身学习策略的学生，能够更轻松地将从某情境中获取的知识应用到另一个情境中。
>
> （Rothstein & Santana，2011，p.18）

融合了表层和深层知识的发展以及形成性反馈问题。把这样一幅直观图示张贴在教室，既可以反复呈现学习的本质，也可作为你在指导学生学习时策略

性地使用的具体图示。

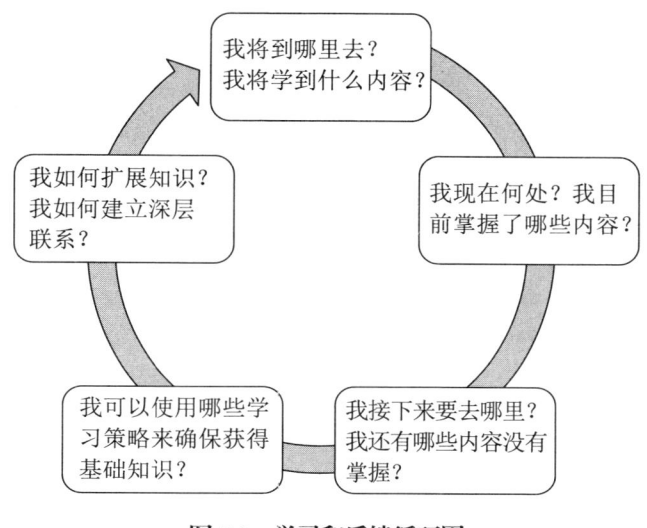

图 5.3　学习和反馈循环圈

维恩曼等人（Veenman，Prins，& Elshout，2002，引自 Hattie，2009）认为，图 5.3 中的元认知技能在复杂任务中的使用超过了智力能力。因为学生必须使用试错法参与问题解决，而不是仅仅回忆与智力能力相关的知识和技能。例如，当一个学生意识到自己没有达到预期的理解水平时，他将要通过问题解决的方式找出可使用的策略来扭转目前思维中的误区或错误。同样，如果学生面对一个有高认知要求的问题或难题，他将需要通过反思确定着手点和解决方法。如通常所定义的，智力能力不会使学生脱离潜在的困境。学生的成功源自他对自身思维以及思维效用的思考。这当中牵涉到了多数学生都错失机会发展的自我提问技能。

发展学生的提问技能是帕林萨和布朗（Palincsar & Brown，1984）开发互惠教学法（reciprocal teaching）的主要目的之一。教师利用该方法进行示范并展示认知技能以促进学生理解，在这个过程中，特别强调生成问题、阐明、总结和预测。整个过程相当于一次教师与学生个体或学生小组之间基于文本的合作对话。

教师从文本中选出一段文字，具体长度则根据学生的能力水平而定。有些学生的文本选择可以简短到一句话。教师通过示范使用四种技能（生成问题、阐明、总结和预测）向学生介绍该流程。教师选择好文本后向学生提问，并让他们做出回应。教师向学生清楚描绘了自己正在做的事情，鼓励学生就需要进一步澄清的地方进行发问，例如某些意思表达不明确的词语。他还引导学生对段落进行总结，并预测接下来会如何发展。当学生理解了这些技能后，他点名让某个学生来体验"教师"的角色。该学生让同学以对话的方式提问题并鼓励他们就不明确的地方进行提问，以及总结和预测。教师在学生四种技能发展的早期阶段充当教练的角色，而在学生开始常规性地使用策略时，则逐渐将责任下放。

一项广泛的研究证实了这一策略在提升学生理解和成就方面的有效性，且适用于各能力水平和各年级水平的学生。然而，只有当教师"认同"师生合作构建意义能够产生高质量的学习这一说法时，该流程才会成功（Palincsar & Brown, 1984）。尽管这是一项针对阅读课教师的策略，但已成功迁移到其他的内容领域。这是哈蒂（Hattie, 2012）指出的另一个高强度的影响因素（在150项中排第11位），效果量为d=0.74。哈蒂认为，"认知策略的显性教学以及在策略使用过程中结合内容刻意操练能够带来巨大的影响"（p.204）。我们认为，互惠教学法能够在学生学习和使用可迁移性策略的过程中同时支持学生的认知和元认知发展。

提供思考时间

对，又是思考时间！思考时间能够提供机会帮助学生反思问题、从长时记忆中提取相关信息、调整和完善思维以及对同学所说的话做出反应。该认知加工的根本是学生的自我评估。当作答的学生对回应进行反思和重新考虑，以确定是否需要修正答案时，他就在进行自我评估。座位上的学生积极倾听同学的回答并将其与自身的思考进行对比，以确定是支持、反对还是愿意改变初始想法时，这同样也是在进行自我评估（Walsh & Sattes，2015a）。当学生能够深入理解和使用思考时间时，它便成为了自我以及同伴进行自我评估和反馈的入门策略。

策略性地使用结构

第三章中介绍的许多合作型回应结构为学生在小组中验证思维提供了机会，它们具有低风险和巨大学习潜力的特点。学生愿意彼此倾听、学习和提供反馈的程度依赖更广阔的课堂文化以及教师的指导和期望。尽管支持自我评估和同伴评估发展的结构有很多种，我们在这里只重点强调三种。其中有两种开始于学生的个体反思和写作，发展于小组内的分享或者班内分享。这两种结构均出现在里奇哈特等人（Ritchhart, Church, & Morrison, 2011）所著的《使思维可见》一书中。它们分别是思考（Think）、困惑（Puzzle）、探究（Explore）和观察（See）、思考（Think）、好奇（Wonder），其中每一项都能够支持学生的元认知和策略性思维。

想象一下，某教师要求学生在单元学习的过程中使用"思考—困惑—探究"模板。由此产生的问题包括：（1）思考自己对目前单元学习中的主要思想和概念（或者具体的学习目标）了解多少？（2）目前的学习中有没有使我感到困惑的内容？以及（3）我如何与同学和教师一起探究这些困惑，以帮助我回答或加以解决？学生需要一一对上述问题进行回应，这是推动学习对话所需要的重要准备。它还能够促进学生产生问题，而教师正好可以参考这些问题要求学生围绕他们认为重要的问题展开思考。

同理，"观察—思考—好奇"要求学生：（1）观察文本、录像、绘画或其他媒介中的重要细节，然后（2）对观察到的内容展开思考，最终（3）产生好奇并生成有关观察核心内容的问题。该方法与传统方法的显著区别在于，它会事先告诉学生，他们需要对指定的事物或原始资料做哪些思考。和"思考—困惑—探究"一样，该结构要求学生产生他们自己认为的需要重点解决的问题或疑问。

上述两种回应结构，或者里奇哈特及其同事所说的"思考例程"（thinking routines），几乎可以无缝对接任何课程。如前所述，它们能够同时发挥认知和元认知的作用。"思考—困惑—探究"几乎是促进自我评估的完美结构。

我们分享的第三种结构来自一位专注于学生学习目标和优质问题策略性使用的教师。梅拉妮·马林巴格（Melanie Marimbarga），一位来自阿拉巴马州特鲁斯维尔休伊特－特鲁斯维尔中学（Hewitt-Trussville Middle School）的八年级英语语言艺术教师，她在课程计划中将优质问题与每日学习目标统一起来。表 5.6 是她在开始一周的诗歌学习之前为学生提供的模板。该表不仅预测了学习目标，还将其与优质问题相结合，学生可在每日课程之后使用该表进行自我评估。当学生就其中某个与当日学习目标相联系的优质问题进行反思时，他们能更好地产生具体反馈，并利用这些反馈衡量自己在学习目标方面的进展。

表 5.6　学生自我评估模板

日期	每日学习目标	优质问题	理解等级 0—5	你还有的问题	用一句话解释你对每日学习目标的理解
2/1	分行符：我能够对两种或两种以上文本的不同结构进行分析，说明它们分别是如何进行意义和文体构建的。	页面上的空格或者标点符号的空缺是如何表达出和书面词语、文字描述一样的意思的？			
2/2	韵律：我能够对两种或两种以上文本的不同结构进行分析，说明它们分别是如何进行意义和文体构建的。	韵律诗体和自由诗体分别是如何阐述特定情感或主题的？			

续表

日期	每日学习目标	优质问题	理解等级 0—5	你还有的问题	用一句话解释你对每日学习目标的理解
2/3	**自由诗体**：我能够对两种或两种以上文本的不同结构进行分析，说明它们分别是如何进行意义和文体构建的。	韵律诗体和自由诗体分别是如何阐述特定情感或主题的？			
2/4	**意象**：我能够在写作中使用准确的字词和短语、相关的细节描述与感官语言来刻画动作以及表述经验和事件。	你是如何理解我们语言中的语句的意义的？			
2/5	**意象**：我能够在写作中使用准确的字词和短语、相关的细节描述与感官语言来刻画动作以及表述经验和事件。	"展示"和"告知"的区别是什么？对你有什么启发？			

学生问题和反馈的产生不仅对自我监督和自我评估技能的发展起重要作用，而且能够推动学生有意义地参与到深化学习的课堂讨论中。除此之外，学生问题和反馈的产生还能有效应用于同伴评估的小组对话中。

> **思考与讨论** >>>
>
> 先独立思考并回答以下问题,再与同事交流、合作进行探究。
>
> (1)回顾我们所建议的三种用于发展学生提问题、寻找反馈以及开展自我评估的技能和意愿的策略:示范、提供思考时间以及策略性地使用结构。想一想你目前是如何帮助学生发展上述技能的?你还有其他的考虑和尝试吗?
>
> (2)在与同事分享的同时,可以通过头脑风暴的方式为彼此的实践提供建议。

让学生参与同伴评估与反馈

布莱克和威廉(Black & Wiliam,2001,2004,2010)发现,同伴反馈对提供者和接受者均有很大帮助,因为它涉及思考学习的双方。一方面,提供反馈的学生向他们的同伴提供直接帮助;另一方面,学生自身通常也能在这一过程中加深自己的理解。后来,布莱克等人(Black,Harrison,Lee,Marshall,& Wiliam,2003)发现,"在实践中,同伴评估被证明是自我评估的重要补充,甚至是首要要求"(p.52)。他们将此归因于:(1)当学生得知将进行同伴评估时,他们往往更有动力且更仔细;(2)学生能够更好地理解同伴建议,因为他们更有共同语言;以及(3)相较于单个学生的反馈,教师更有可能会关注来自小组的反馈。

哈蒂(Hattie,2009)在考虑包含同伴评估的同伴辅导时指出,"如果以教会学生自我管理和掌控自身学习为目的,那么学生必须成为自己的老师"(p.186)。哈蒂(Hattie,2012)发现,同伴辅导是一种高效的学习策略,其效果量 $d=0.55$,它可以帮助学生从教师反馈的使用者发展为自身反馈的产生者和使用者。

点对点的反馈最好是两人一组,其组成需由教师精心确定。尽管学生在这些反馈对话中享有灵活性，但是教师仍需提供指导性方针，并实施监督以确保学生遵循上述指导性方针。其中重要的内容有：（1）关注学习目标和成功标准；（2）与其"告诉"他们正确答案，不如通过提问题的方式促进同学思考并帮助他们理解；（3）使用文本或其他信息资源来适当验证事实；以及（4）鼓励同学提问题以确保理解。许多人将同伴反馈局限为评估学习作业，比如一篇写作或者一道数学问题。其实，当学生以合作对话的方式阐述观点和概念的意义时，这也是一种同伴评估。

引导学生开展真实的讨论

之前我们提醒过大家不要在学生开展真实讨论时使用反馈。我们所说的真实讨论是指什么呢？这种类型的课堂对话的使用时机是什么？有些人（Adler，1985；Hattie & Yates，2014）将讨论与苏格拉底式研讨法联系起来，即"向学生提出开放性问题（通常是关于高阶观点），然后倾听学生回应并互相提问相关问题"（Hattie & Yates，2014，p.49）。我们认为，苏格拉底式研讨法是一种促进讨论的非常有效的结构，但是课堂讨论也可以采用其他形式，包括教师指导型对话和结构化的小组讨论等（Walsh & Sattes，2015b）。

我们关于讨论的观点很大程度上受到了狄龙著作的影响。狄龙是将课堂讨论与许多传统的师生互动的差异进行概念化的先驱。狄龙（Dillon，1994）将讨论设想为"群体交流的一种独特形式，人们为解决一些共同关心的问题或者需要理解、领会或决定的事情而聚集到一起"（p.5）。一起谈论共同关心的问题是讨论的标志。为了加深对主题的理解，人们在讨论中互相倾听并做出回应，而且通常有一个以上的观点。人们可能在讨论中达成共识；可能形成不同的看法；或者根本就没有任何决议，仅仅是把问题进一步细化了。那么，它是如何转化为我们所预期的、对加深学生知识至关重要的讨论的呢？

当学生在某个问题或主题上掌握了足够的表层知识时，教师便可以组织和安排课堂讨论，使他们能够在参与观点和问题分享的过程中建立起新的联系。每个学生都在讨论中加入他个人理解一个概念的方法，且这些理解均基于他们先前的经验和知识。因此，每个学生都有观察问题的独特视角。这就造就了观点的多样化，而当这些独特的理解被赋予声音时，课堂上的所有学生就都有可能从中获益。

在实践中，教师制定指导方针和确定范围，以确保学生能够聚焦待思考的问题、尊重所有成员、以知识和合理推理为基石以及努力扩展个人和集体的理解水平。学生不会在进入课堂前便具备你所期望的技能，对于这一点，大家都认同。因此，在另一项研究中（Walsh & Sattes, 2015b）中，我们确定了三种学生在学科讨论中所需的技能，即社交、认知和知识使用技能，以及教师可用于支持学生发展这些技能的策略和工具。

正如我们在本书中所描述的那样，优质提问为学生参与真正的讨论铺平了道路。在优质提问的特性中，主要为学生的学科讨论做准备的特性是，教师对有效提问和参与实践的演示以及提供机会让学生在每个学习阶段均能参与对话。在真实的讨论中，教师提供机会让学生：（1）产生并提出重要问题；（2）积极参与，主动发声；（3）通过提问的方式促进彼此的思考，要求提供推理证据或解释；（4）给予和接收形成性反馈；（5）不断进行个人反思，以对自身的思考和理解进行自我评估和监督；以及（6）保护产生这种开放式观点交流的脆弱文化。这是"学生成为自己的老师"——哈蒂（Hattie, 2009, 2012）关于最高学习水平的愿景——的其中一个示例。

让三分之二沉默的学生参与学习与思考

本章以弗吉尼娅·奥基夫的观点引入，她认为"坐满温顺学生的安静课堂"对"略多于三分之一的学生"有效果。优质提问体现了教师和学生巧妙使用反馈的能力，同时要求学生在参与有意义的点对点对话和真实讨论的过程中成为自己的老师。上述策略可用于鼓励"其他三分之二"的学生参与进来,尤其是当该策略运用在一个积极的、相互尊重的课堂环境中,且每个学生都感到被倾听和重视时。要求所有学生参与教师主导型的提问课堂需要教师发展多样的技能和做出极大的努力。调动学生承担起自我学习评估以及支持他人评估的责任则需要教师和学生展现出自信和能力并付出努力。这是优质提问的终极目标。

复习与思考

处理回应:教师和学生如何使用对课堂问题的回应来深化学习?

提问实践	反思问题
根据学生反馈确定下一步教学内容	● 我如何使用这三种反馈问题来指导我的思考和教学行为? ● 我如何不断地将学生回应转换成反馈,并用其确定下一步的教学内容? ● 我如何让学生理解他们对问题的回应能够帮助我了解我的教学效果以及我接下来应该怎样促进他们的学习?
向学生提供策略性反馈	● 我在何种程度上提醒学生每日的学习目标,并将我的焦点问题和这些目标联系起来? ● 我是如何有效使用各类反馈与学生交流他们在特定学习目标上的进展的? ● 为了帮助学生理解如何使用反馈来纠正误区或设立新的学习目标,我做了哪些事情? ● 我是如何培养学生的倾听能力以及使用反馈来确定下一步学习内容的能力的?
鼓励学生互相提问和给予反馈	● 我是如何培养和支持学生产生周密且有效的问题的能力的? ● 我为学生的自我评估提供了哪些机会和鼓励? ● 我是在何种程度上为学生参与与同学的反馈对话(如同伴评估)提供机会的?

续表

提问实践	反思问题
鼓励学生开展互动以加深思考和理解	● 我每隔多久会组织学生进行一次真实的讨论？ ● 为培养学生参与公开讨论的能力和开放的心态，我做了哪些事情？ ● 我有哪些证据可以证明我的学生实际上正在使用讨论来加深自身的知识和理解？ ● 我在预期的讨论中保留反馈意见方面做得有多成功？

第六章
打磨实践
如何推进对课堂提问的反思与对话?

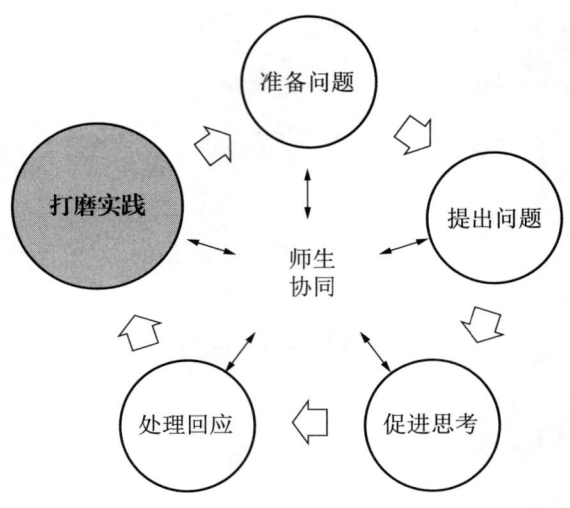

> **焦点问题**
>
> （1）你可以通过什么方式与同事合作反思课堂问题和提问实践的质量？
> （2）你可以通过什么样的课堂观察来支持对实践做出的反思？
> （3）你如何让学生参与反思课堂提问的质量？
> （4）在你寻求进一步让学生参与思考和学习的过程中，将关注优质提问实践的哪些部分？

所有教师都参与提问。所有教师都可以通过聚焦反思和对话来完善和更新提问实践。

这些信念促进了我们的长期探索以及更好地了解与优质提问相关的具体实践。我们认为，优质提问是一个复杂而动态的过程，是有效教学的重要组成部分。然而，却没有一种发展课堂优质提问实践的秘诀，也没有"一刀切"的方法。由于其本身的复杂性，优质提问实践在任何两个课堂上都不完全相同。这可以归因于两个主要变量。

第一，我们每个人走进课堂时，都带着自己对教学的认识。因此，教师需要找机会对与优质提问相关的实践做出个人理解，并确定如何让它们适应现有的教学实践。个体反思和共同对话是形成个人理解的两种手段。

第二，每个新的学生群体都是由独特的个体组合而成的。提问是一种积极和具有挑战性的方式，可以激发和促进每个学生的智力、社会和情感等各方面的发展。考虑到不同的课堂组成和个体特点，教师需要对问题和参与策略做出调整。为学生提供收集、分析和处理数据的机会，对于做出与优质提问核心组成部分相关的决策是有帮助的。

我们不妨把在课堂上规划和实施优质提问的教师的角色和职责与准备竞赛的运动教练的角色和职责进行比较。在培养选手（学生）和制订训练计划（课程计划）时，都要根据经过验证的原则、新出现的原则和最佳实践；与同事和选手合作，发展具备强大表现力的技能和规范；制订训练计划时要考虑到选手个体的优势和性格特点；并在竞赛

> 你必须根据自己的能力适应你所从事的工作。在教学中，你必须记住，没有哪个群体或个人与前一天、前一年或十年前教过的人相同。你的计划应该与你和你的团队的水平相符合。
>
> （Krzyzewski，2007，p.3）

之前、之中和之后经常反思，了解哪些方面会起作用，从而思考如何加以改进。教练和教师一样，每年都要欢迎新成员加入到团队中来，不断地实现新旧交替。优质提问是教学中至关重要的一环，就像教练训练运动员出成绩一样，是一项永无止境的工作。

在与教师合作研究的这些年中，我们认为，有四种策略对支持教师形成适合课堂的优质提问特别有效：（1）合作计划问题，（2）同事之间互相观察，（3）与学生和同事共同反思，以及（4）设定个人目标，对已经确定的实践予以关注。以下对这四个方面提出一些建议。

合作计划与反思：问题设计研讨会

还记得优质问题的四个维度——重点内容、教学目标、认知水平，以及措辞和语法吗？要根据这四方面要素创建问题，教师需要具备分析能力和创造性思维能力。通过小组会议或专业学习社区（professional learning communities，简称PLCs）合作计划问题和参与策略，可以帮助教师提高所选问题的质量和设计问题的技能。

教师团队在设计问题时可以参考多个资源。他们可以查看过去几年使用过的问题，从其他来源获得的问题，包括所在地区或国家课程指南中出现的问题，教材建议的问题，其他教师（通过互联网）共享的问题等。此外，教师还可以提出全新的问题。我们认为，不是每个焦点问题都要从头开始准备。事实上，我们鼓励教师努力开发问题，包括过去使用的问题，以及来自其他资源的问题。关键是要检查每个问题，确定其符合优质提问的标准，并酌情进行编辑或修改，使其更适合于特定类别的学生与学习目标，以及第二章中讨论的其他重要变量。表6.1是指导团队进行问题选择或设计的思考模板。

表6.1　设计优质问题的模版

与本课有关的国家课程标准：
基本问题：
学生易懂的学习目标：

续表

1. 我能……
2. 我能……

问题	理想的学生回应
问题 1： 回应方式：	1.
问题 2： 回应方式：	2.

请注意，这一过程始于聚焦课程标准（即《共同核心州立标准》或其他国家标准），随后根据这些标准创建学生易懂的学习目标。这是设计优质问题的先决条件。此外，我们建议你为每个单元设计一个基本问题（如果你没有年度基本问题）。我们还建议，当你为日常授课准备焦点问题时，必须考虑与课程相关的基本问题。你可以把这些问题作为学生的学习目标，然后再来思考并讨论特定课程的焦点问题。

此时，你可能需要回到表 6.2 所示的工具。这里给出了一个优质问题的标准，在你和同事进行对话时，你们可以根据你想让学生思考与讨论的相关问题进行磋商，以及什么样的问题会产生这种思考和讨论。当你思考这个问题时，你也会考虑什么样的回答形式既符合你想象中学生的对话水平，又能让所有学生更多地参与到思考与讨论中。学生对话情境的选择也会影响问题本身。例如，如果学生以合作小组的形式学习，在他们面前有一份问题清单，那么问题就可以由多部分组成。

表 6.2　用于评价和修改问题的模板

问题：	
优质问题的维度	评估 / 可能的编辑 / 解释
重点内容 ● 问题与哪些相关标准和学习目标相一致？ ● 问题在哪些方面让学生便于建立联系，例如，联系原有的学习、生活经验或其他学科？ ● 你有什么依据表明问题具有一定的挑战性，即处于学生最近发展区内？	
教学目标 ● 学生处于学习周期的什么阶段？ ● 问题想达成哪些教学目标？	
认知水平 ● 你打算让学生在什么认知水平上进行思考？ ● 问题激发了围绕相关标准的哪些认知需求？	
情境 ● 在整个班级还是小组中提出问题？ ● 学生如何作答？个人逐一回答还是合作回答？	
措辞 / 结构 ● 用词表达是否明确，使学生容易理解？ ● 问题中包含哪些相关学术词汇？ ● 问题在何种程度和哪些方面集中了学生的注意力？	
调整后的问题：	

对问题进行精练后，你的团队可能希望为每个焦点问题提供理想和可能的回答，以及可用于处理各种回应的支架。请参考用于支持该讨论的工具，详见图 4.2。

准备问题是一个与专业学习社区的四个主要目标相一致的过程：（1）我们希望学生学习什么？（2）我们如何知道每个学生是否在学习？（3）有一些学生不学习时，我们将如何做出回应？（4）我们将如何对学优生进行提高和扩展？这四个问题与杜富尔等人（DuFour, DuFour, Eaker, & Many, 2010）有关，他们提出了广泛使用的建立高水平专业社区的方法。

我们并不认为你会与同事合作为所有的课准备焦点问题（这是理想的追求，但不现实！）。相反，我们建议你的团队或专业学习社区将此作为对话的重点，形成一种惯例，例如每周或每两周一次。通过使用建议的模板上的问题来思考与讨论，所有成员都可以强化这方面的个人技能，团队也会从所有人的思考中受益。

在合作准备问题时，我们鼓励小组成员收集一些关于所提问题发挥作用的数据：该问题在多大程度上吸引所有学生参与思考？学生对这个问题给出了什么具体的回答？学生的回答是否包含预期内容和认知加工水平？你（教师）有什么后续的问题支撑或拓展学生的思维？在下一次小组会议上，准备以数据为基础的对话，侧重于提问的有效性。然后，以团队的形式修订这个问题并归档（包括对相关见解做出的备注），以供将来使用。

如果没有同事和你教同样的内容呢？这有时确实是个问题，特别是在小学校更是如此。不妨与相关领域的同事合作，适时设计跨学科问题，或者互相作为"教练"，进行有声思考，提出问题，以协助准备或反思的过程。我们已经观察到以下类型的合作：英语语言艺术/社会研究，数学/科学/体育，数学/音乐，艺术/数学/社会研究，职业技术/数学/科学/历史/英语语言艺术。合作领域的可能性是无限的。围绕着这些方面开展相关合作交流的重点包括：对我们学生的思考来说，什么是最重要的？如何最好地激励学生思考和专注于问题？我们如何让所有学生参与其中？如何促进学生与内容建立联系并做出个人理解？如何支持学生提出自己的问题？

> **思考与讨论** >>>
>
> 先独立思考并回答以下问题，再与同事交流、合作进行探究。
>
> 你（和你的学生）可以从以上描述的合作设计问题中得到什么好处？你和你的团队多久可以安排一次这种类型的活动？表6.1和表6.2对你有多大用处？

互相观察：打开反思之门

围绕设计问题和学生参与的对话既富有刺激又能产生实际效果，并且当它与课堂观察结合使用时效果更好。课堂观察旨在快速记录学生在提问过程中的参与情况。许多学校都有同伴观察机制，教师在课堂上进行巡回指导或先录像然后对视频进行个人或合作反思。这些策略都可用于提供数据或反馈，便于教师了解学生的进步情况。

要把重点放在学生身上。我们认为，观察的主要焦点应该是教师运用提问策略时学生回应的话语和行为。我们不建议使用评估性观察；相反，我们推荐向教师提供反馈信息的观察，即学生是如何理解教师的意图并做出回应的。

第一类观察是"自我观察"，即教师通过对自己的课堂进行录像或录音，并以此进行反思。在与教师合作的过程中，我们经常要求教师对一堂课进行录像，这可以使他们把关注的重点聚焦在学生身上，而不是自己身上。我们建议教师将有限的提问实践作为观察和反馈的重点。观察的重点可以包括，教师和学生对思考时间的使用、问题的认知水平和学生的回答、公平的参与结构和练习、教师和学生对初步回应的跟进等。有时候，教师似乎对这个要求有所抵触，但是经历后都会说，"这是我参与过的最好的专业学习活动之一！"。

与我们合作的教师也曾使用以下两种不同的方式进行"现场"课堂观察：（1）对重点关注优质提问的个别课堂的描述性观察，以及（2）收集有限时间内在多个课堂使用所选优质提问实践数据的走课（walkthroughs）。这两种方法有不同的目的。

对个别课堂的描述性观察可以为教师提供所确定重点的具体数据。通常情况下，由3～4人组成观察员团队走进课堂，以便从不同的角度进行观察，因为一般会对每个观察者关注多少学生以及记录多少描述性信息进行限制。一些学校采取团队的方式，形成了由3～4名成员组成的团队，在特定的时间内轮流走入所有成员的课堂。在其他时间，两位教师一起合作，互相观察并提供描述性反馈。

一个团队，其组成无论是两人还是四人或其他结构，都要求所有人使用一套准则和规范。以下是一些团队要遵守的基本规则。我们建议每个新组成的团队对团队有效的操作方式进行讨论并达成一致。

- **被观察教师决定观察的重点**。观察重点通常是有限的，往往体现在以下几个方面：（1）如何通过使用诸如公平回应结构、"无退出选择"等策略，让所有学生参与对所有问题的思考；（2）学生如何在适当的认知水平上进行思考和回应，包括教师和学生提出的问题、学生的回答以及对最初回答的详细阐述等概要；（3）是否有效使用了思考时间，不仅包括学生和教师在提问过程中的两个确定节点暂停的时间长度，而且包括学生在每次暂停后的所做和所说；（4）用问题产生形成性反馈的情况，使观察者通过反馈情况查看教师和学生对所提问题的回答。以上这些只是建议。被观察的教师应该与观察教师交流他希望从观察中得出什么结论。被观察的教师和观察教师可以一起讨论观察教师在课堂里记录的教学现象。
- **观察教师观察学生和教师，并记录所见所闻**。观察教师不对行为进行评估，只进行描述。此外，描述得越具体越好。例如，观察教师应该尽可能准确地记录实际提出的问题（越准确越好），以及学生在回答问题时所说的内容，而不只是记录"教师提出了更高层次的问题，学生甲回答正确"。关于思考时间，记录者可能会这样写："教师提问（问题的简写），过了2秒钟，请学生甲回答。学生甲回答（学生甲回答的简写）。学生乙打断并说（学生乙评论的缩写）。"描述性观察可能是枯燥无味的，但它可以获取准确、可操作的信息。描述性观察很难捕捉到课堂上发生的每一个互动。这就是为什么需要一个观察小组来提供观察时所发生事情的更完整的报告。

- **被观察教师和观察小组成员共同确定观察的日期和时间**。通常，20分钟的观察足够收集数据，并向教师报告在这段时间内发生的事情。团队成员也应该商定一个恰当的时间，把他们的发现分享给被观察的教师，共同对话，理解观察到的内容。
- **团队成员共同制定观察准则**。团队成员共同商定在观察过程中遵守的准则，解决在课堂上与学生进行互动时出现的保密性问题（比如，许多教师要求观察教师对学生进行非正式访谈并记录他们对课堂情况的想法），诚实问题（比如，教师要求观察教师准确记录所见所闻，而不是观察教师所认为的被观察教师希望被观察到的，并在观察之后进行公开、坦诚的对话），承诺互相学习问题（团队成员同意提出问题，参与反思，并始终从每次观察和反馈讨论会中学习），公平参与问题（比如，所有团队成员都在一个观察周期的某个时间参与观察与被观察）。这些都是准则的范例，你的团队可以对此进行补充。

团队成员可以在空白纸上记笔记，不一定需要观察表格。我们提供了一个描述性观察模板，如表6.3所示。这个表格中的类别标题（旨在收集有关问题-反馈交流的信息）可以按照被观察教师的要求进行调整。

表 6.3　聚焦课堂提问的描述性观察模板

说明： 使用以下提示描述围绕每个焦点问题产生的互动。

问题 1：	
回应结构：	
教师（提出问题后教师做了什么或说了什么？）：	**学生**（为了对问题和教师做出回应，学生做了什么？）：

参加教学巡视（instructional rounds）（City，Elmore，Fiarman，& Teitel，2009）的读者将在上述描述中识别出教学巡视中使用的描述性观察过程的许多要素。事实上，一些学校使用教学巡视协议来观察整个年级、部门或整个学校的优质提问。教学巡视的特征是多个观察小组走访多个课堂，并汇总所有被观察课堂的数据，目的是通过收集数据、分析数据和确定教学模式，来对所有被观察课堂的实践做出报告。

我们认为，描述性观察可以提供具体的、依情境而定的可靠依据，这些依据与学生在课堂上参与提问的情况有关。围绕"寻找"核心课堂实践组织的走课，为更大的单位（如年级、部门或整个学校）提供综合数据。大多数教育工作者都熟悉走课形式。观察小组（教师小组或教师和管理人员混合小组）花 8～10 分钟观察事先确定的每个课堂。他们寻找确定好的实践，使用设备上的列表来关注重点。在我们提供的走课表格中（如表 6.4 所示），我们留出空白用于描述性说明，以及标记何时使用特定实践。

表 6.4 聚焦优质提问的走课表

说明： 此表格可用来记录从最多五个课堂收集的数据。观察者应每次都做记录，在被观察课堂的指定行为一栏打钩。

描述	评论/实例/依据	课堂 1	2	3	4	5
第一类 期望——规范						
学生提出问题，来表达理解或表示出好奇心。						
学生认真倾听同学和教师的发言。						
学生做好准备并愿意做出回应；他明白提问是用来支持学习的，而不是猜测教师答案的。						
教师或学生用一个不正确的答案作为学习的机会，例如，他们对答案背后的内容进行思考，并提出适当的看法。						
第二类 催化剂——优质问题						
教师的问题与学习目标（符合国家标准）相关。						
第二类 催化剂——优质问题						
教师的问题使学生能够与现实世界、旧知或其他学科建立联系。						
教师的问题促使学生的思考超出记忆水平（或 DOK 1）。						
第三类 结构——回应体系						
在全班提问中，教师决定谁来回答（不是谁举手就请谁回答）。						
教师使用一种轮流回应方式，使所有学生都能够进行回应（例如，"思考—结对—分享"方式或合作回应方式）。						

续表

描述	评论/实例/依据	课堂				
		1	2	3	4	5
学生开展合作学习。						
第四类 支持学生思考						
在叫一位学生回答之前，教师先提出问题。						
思考时间1：学生在回答问题之前停顿至少3～5秒钟；教师在叫学生回答之前留有等待时间。						
思考时间2：在学生回答后，停顿3～5秒，让回答者修改或补充答案，也为其他人提供思考此答案的机会。						
教师提出后续问题，以了解学生的思考，澄清对学生回应的理解，促进学生的知识/技能发展。						

走课可能会在一天内或多天内进行。在对所有课堂的观察结束后，一个小组对数据进行汇总。这涉及统计每个特定实践在所有课堂出现的次数并计算百分比。然后可以将列表的数据呈现给被观察的教师。指导人员协助教师理解这些数据的意义。小组对话的典型焦点问题可以包括：

- 根据这些数据，我们可以确定哪些教学模式？
- 在优质提问中，我们的优势有哪些？
  - 导致我们得出这个结论的依据是什么？
  - 有人愿意为你观察到的实践提供一个实例吗？
- 哪些做法在我们的课堂上似乎不那么普遍？
  - 让我们一起思考为什么会这样。
  - 是否有成功运用这一实践的人可以与大家分享如何与学生合作达成这

一过程？
- 在这些观察数据中，有使你感到惊奇的内容吗？如果有，是什么？
- 我们接下来要关注哪些具体做法？

这种走课的最大价值之一是教师之间的合作对话。教师可以参考数据进行相互交谈，而不再依靠感觉或偏见。

如果你的学校决定使用这种走课形式或其他改进方法，我们建议你记住以下几点：

- 这些是综合数据，显示了在一个时间点、多个课堂上发生的事件。在任何情况下，都不应该用来评估教师个体或群体。
- 在一年内预先决定的时间进行多次走课才能产生最大价值。这样，教师可以根据数据集的内容来设定目标，并随着时间的推移监控变化。这些趋势数据，可以为正在合作改进提问实践的教师提供帮助。
- 教师参与走课小组的目标包括，观察同事，并在此过程中反思自己的实践；让同事观察自己的课堂，打开大门，让学生知道改进提问实践是学校关注的重点；并与同事进行基于数据的对话，从而进一步探索改进提问实践的方法。

我们的走课表格只是一个示范。我们鼓励学校进行调整，以符合具体的目标，包括每个观察周期只聚焦四个组成部分中的其中一个。

> **思考与讨论** >>>
>
> 先独立思考并回答以下问题，再与同事交流、合作进行探究。
> 在以上观察方法中，你的学校目前正在使用哪一种？这些观察在多大程度上把重点放在提问实践上？你如何使用上述方法和建议，通过课堂观察来增强你的学习能力？

促进学生反思：课堂转型的源泉

一些学校让学生参与走课小组，以便让他们有机会更好地理解提问实践是如何影响思考和学习的，以及反思他们在提问中的参与情况。这可能是你学校的一个延伸部分，但我们鼓励所有教师想想如何让学生有意义地思考他们参与课堂提问的程度。

在本书中，我们提供了你在与学生合作时可能会用到的策略和资源，以便你能在你的课堂上引入和使用影响力比较大的问题。每个"师生协同"部分将引导你的学生从学习者的角度反思他们行为的某些方面。如果你在阅读过程中略过了这些内容，我们建议你翻到前面重新阅读每一部分。

除了利用师生协同外，我们建议你定期让学生对优质提问实践的效果进行反馈。这种反馈可能以单独的反思写作开始，之后进行两人一组的讨论或小组讨论。小组交流后，你可以让学生在整个班级分享。这样一种讨论也会给你和你的学生提供一个机会，使你们有意识地使用确定的优质提问实践，包括思考时间、学生质疑、学生互相交流想法，以及你要保留反馈（只要讨论仍然在确定的范围内进行）。在表 6.5 中，我们提供了一组你可能会用于学生反思写作的问题示例。你可以选择其中一个或多个在特定时间与学生一起使用。

表 6.5　学生反思问题示例

对于个人参与优质提问的反思
说明：认真独立回答每个问题，尽可能保证诚实和完整。 （1）你认为教师为什么在上课时间问题？ （2）课堂提问在什么方面可以帮助你学习？ （3）你是如何使用课堂上的沉默时间——特别是提问和回答问题后的沉默时间——来帮助你学习的？

续表

对于个人参与优质提问的反思
（4）你参与围绕正在学习话题开展的全班或小组谈论的频率如何？什么会影响你的参与意愿？
（5）你该如何鼓励不经常发言的同学更多地参与进来？你还可以做什么？
（6）教师会做些什么来鼓励你更多地参与课堂提问？
（7）你多久会对所学内容提问一次？是什么鼓励你进行提问的？什么又会阻碍你？

我们再次强调：优质提问不是你对学生做什么，而是让学生在学习中建立真正的伙伴关系的过程。

设定个人目标：实践中的意向性

最后，我们想请你反思与优质提问相关的实践，并确定你的优势——或者你目前的表现符合研究确定的有效实践的领域。我们还建议你确定优先发展领域——与学生或同事一起开展的实践。以下是对本书提出的实践的总结；之后，我们提供了你可用于个人反思和实践的自我评估。首先，重新审视下面的每个行为，了解构成优质提问实践"整体"的要素。然后把它作为一个快速参考指南，完成以下自我评估。

1. 精心为每个班级设计优质问题。思考问题的目的、重点内容以及你想让学生进行思考的认知层面。要注意问题的措辞表达，以便与你的学生进行沟通。第二章阐述了这一实践。

2. 运用轮流回应结构让所有学生参与进来。如果你过度依赖使用每次一名学生回答课堂问题的方式，请考虑其他让学生回答的回应结构。第三章介绍了各种各样的回应形式。将你选择的回应结构纳入你的课程计划。

3. 促进回应的公平。有意打破课堂上可能存在的"活跃区"。不要选择志愿者（举手者）来回应。与你的学生沟通，告诉他们你希望每个人都准备好回答提出的每个问题（不可以选择退出）。

4. 先提出问题，然后叫一个学生起来作答。 向所有学生表述所有问题，与课堂各个位置的学生进行眼神交流，保证所有学生都参与进来。记得在提出问题之前不要盯着一个学生。

5. 提出问题，停顿至少 3～5 秒钟（思考时间 1），然后再让学生回答。 告诉学生用这段时间思考他们对这个问题的看法。让他们知道思考是一个过程，每个人都以自己的速度进行思考。

6. 当学生不能给出完整而正确的答案时，请使用线索和提示协助他们建立联系，以便做出更完整的回答。 然后，让学生知道你会"继续问下去"，关心每个人的回答。

7. 学生发言后，在对学生做出回应（例如，反馈、表扬）或者叫另外一名学生作答前，先停顿至少 3 秒钟（思考时间 2）。 同样，请确保学生知道在这几秒的停顿期间应该思考什么，为他们提供充分的实践机会。

8. 当提出一个求同问题（有一个正确答案的问题）时，为学生提供适当的反馈，比如确认、纠正或促进。 让所有学生对每个问题进行正确和完整的作答。

9. 在协助讨论时，以促进学生思考的方式对学生做出回应，而不是终止学生的思考。 在第五章，我们提供了讨论中可使用的评估性反馈的替代方法和问题。

10. 教会学生如何生成优质问题。 提供一般问题的词干和提示词；给学生提供机会进行练习并给予反馈。帮助学生了解设计问题和学习之间的联系。

11. 用问题来帮助学生发展元认知技能。 与学生谈论思考如何学习和如何提问的价值。帮助他们想出一些策略，从而更有效地运行大脑。

12. 通过提问帮助学生在学习能力方面增强自信。 让学生知道，当提出一个问题时，他们正在对这个话题进行初步了解。确保提出问题是明智的，而不是课堂上"愚蠢的"行为。

**13. 帮助学生了解提问的好处（比如，学习和参与学校生活）超过"成本"（比如，教师或同学对提问学生的意见）。教学生提问的技能，为他们提供创造与生成自己问题的机会。

14. 在互相信任和尊重的基础上，持续创设无风险的课堂文化。与学生合作，寻找创造和维持促进提问、回答和积极学习的课堂文化的方法。

15. 不断改进课堂问题和提问过程。想一想，如果已经有人做得尽善尽美了，那么就没有必要继续前进了。反思持续改进的意义——持续追求做到更好的过程，尝试新的行为和方法。与学生讨论这些概念。

16. 与同事合作设计优质问题。以年级或部门团队的形式合作，为单元和课时设计优质焦点问题。与同事讨论这些问题对学生产生的效果。分享学生的回应。

17. 如果将提问作为主要的教学方法，应在课堂上安排同事进行观察。邀请同事参观你的课堂，观察你和学生的提问实践。要求同事做出反馈。与同事讨论所有人参与提问的价值以及将改进提问作为丰富专业学习社区跳板的价值。

18. 在专业对话（以及与家人和朋友的沟通）中使用优质提问和有效的提问策略。监督你使用的提问，并对问题的影响进行反思。它们会达到预期效果吗？

19. 留出时间，从提问者的角度反思你的成长。定期就学生适应提问的情况进行反思写作。你甚至可以每三四个星期录音或录像一次，在私下倾听或观看。

20. 通过帮助学生了解开展优质提问实践的原因与学生合作。让学生思考优质提问的原因，包括使用问题和思考时间1进行自我评估，运用思考时间2使所有人都能够继续思考等。

这20项做法相互联系、相辅相成；对于其中的一些做法，我们大多数人都做得非常好（可以自然地运用），而对于其他的做法，我们做得很有限或者根本没去做。下面的自我评估（如表6.6所示）将帮助你思考你对这些策略的使用当前处于一个什么程度。想想你持续和成功地进行的实践有哪些——这些是你的优势，哪些是你有意尝试使用但仍有进步空间的实践——这些是你已经初见成效，但可以达到更高掌握水平的领域，最后，你应了解你想优先发展哪些领域。当你读过这本书并进行了思考后，哪些行为真的可以让你受到触动，想要立即付诸行动？

表 6.6　关于优质提问的自我评估

说明：根据你目前的效率水平考虑每个确定的做法。将你当前的行为分为优势、充分表现领域或优先发展领域。

支持优质提问的行为	优 势	充分表现领域	优先发展领域
1. 设计优质问题。			
2. 使用轮流回应结构。			
3. 促进回应的公平。			
4. 在叫一个学生回答前提出问题。			
5. 使用思考时间 1。			
6. 使用线索和提示。			
7. 使用思考时间 2。			
8. 提供适当的反馈。			
9. 在讨论中维持思考。			
10. 教学生生成优质问题。			
11. 教学生发展元认知技能。			
12. 帮助学生培养自信。			
13. 帮助学生了解提问的好处。			
14. 创设课堂文化。			
15. 致力于改进课堂提问实践。			
16. 与同事合作设计问题。			
17. 与同事互相观察课堂。			
18. 在专业对话中使用优质提问。			

续表

支持优质提问的行为	优 势	充分表现领域	优先发展领域
19. 花时间进行个人反思。			
20. 通过帮助学生了解开展优质提问实践的原因与学生合作。			

依托你的优势

当你考虑如何提高提问效率时，请先考虑你已有的优势，并依托这些优势。如果你善于提出优质问题，请通过继续优化问题，使其变得更有效，让学生注意这些问题作为学习手段的重要性，通过与同事讨论特别有效的问题并与他们分享，从而更好地利用这种优势。

现在，我们假设你已经将思考时间1和思考时间2确定为优先发展的重点。想想作为优质问题提出者的优势如何促进你在使用思考时间方面的努力。我们建议真正建立联系，并为预期成长领域提供有力的支持。请这样考虑一下。优质问题值得揣摩；提出问题后，应该"停留"几秒钟，让学生思考。优质问题可以激发思维，有时候真的需要花时间去思考，那些由于自己反应比较慢而没有关注问题的学生可能会开始更深入地思考问题。

我们建议你将注意力集中在一项优势或一两个优先发展重点上，并考虑如何在提高之路上同时利用优势和优先发展重点（如上所述）。只有当我们将优势作为提高效率的基础时，才能更好地发挥积极性并释放出更多变革所需的能量。

结　语

> 克里斯托弗·罗宾早上在做什么？他在学习。他变得训练有素。他"instigorate"——我认为这是他提到的词，但也可能指的是其他内容——他"instigorate"知识。在我的方式里，如果我刚好有这个词，我也会这样做。
>
> ——A. A. 米尔恩，《小熊维尼的小屋》（1928/1992，p.90）

我们被"instigorate"这个生造词迷住了。我们认为它有一种特殊的铃声，它暗示要充满激情地学习。这就是我们看待学习提问的方式。对我们来说，正如一开始就分享的那样，学习优质提问是一段旅程，我们认为这段旅程既重要又令人兴奋。同时它也是非常个性化的。我们希望能够激励你们提出问题，开始或继续自己的旅程。我们很乐意你与我们分享你的学习经历，从而能够继续推动优质提问发展的新篇章。

附 录　促进学生参与思考与回应的回应结构

选择一个促进学生参与思考与回应的回应结构包括，首先确定学生在学习过程中的位置，然后选择一个与提出问题的教学目标相一致并且能够促进教学目标实现的回应结构。在表 A.1 中，我们确定了教师可能会使用的促进所有学生参与思考与回应的各种回应结构。根据第二章介绍的六个教学目标（下面的 1—6），我们建议了若干与教学目标最适宜的结构。这些并不是回应结构的详尽列表，也不一定与每个教学目标绝对匹配。相反，这只是一种建议，我们希望对教师准备问题和提出问题有所帮助，在这个过程中，教师将选择并使用适当的结构促进学生的学习。当教师仔细考虑选择符合学生思考内容的结构时，结构本身也会促进学生的思考和学习。

1. 设置学习阶段
2. 建立基础知识
3. 检查理解
4. 帮助学生理解文本
5. 加深与强化学习
6. 促进元认知思考

表 A.1 表明了与本书中描述的每个回应结构样例相匹配的潜在教学目标。

表 A.1　与教学目标相匹配的多种回应结构

备选回应形式	教学目标 1	2	3	4	5	6	相应章节
相似匹配（Affinity Mapping）	×	×	×	×	×	×	附录
集体回应（Choral Responses）		×					第三章
数据展示（Data on Display）	×		×	×	×	×	第三章
四方分享（Four Square Share）			×	×			附录
用笔思考（Ink Think）	×	×	×	×	×		第三章、附录
内圈–外圈/鱼缸（Inside-Outside Circles/Fishbowl）			×	×	×	×	第三章
访谈设计（Interview Design）	×	×	×	×	×		附录
编号齐动脑（Numbered Heads Together）		×	×	×	×		第三章
我来表达（Peoplegraph）			×		×		第三章
最后总结陈词（Save the Last Word for Me）			×	×	×		附录
用一个词概括（Say-it-in-a-Word）			×	×	×		第三章
观察—思考—好奇（See, Think, Wonder）	×		×	×	×		第五章
示意回应（Signaled Responses）		×	×				第三章
四角研讨（Four-Corner Synectics）	×				×		附录
轮流讨论（Table Rounds）	×		×	×	×	×	附录
思考—结对—分享（Think, Pair, Share）	×	×	×	×	×	×	第三章、第五章
思考—困惑—探究（Think, Puzzle, Explore）	×		×	×			第五章
任务样本（Work Samples）		×	×	×			第三章

续表

基于技术的回应结构	教学目标 1	2	3	4	5	6	相应章节
Clickers/Plickers 回应器	×	×	×				第三章
Kahoot! 游戏化教学管理系统	×	×	×				第三章
Quizizz 形成性评价工具	×	×	×				第三章
Socrative 课堂回应系统	×	×	×				第三章
Chatzy 在线聊天平台	×		×	×	×		第三章
Padlet 合作创作内容平台	×		×	×	×		第三章
Today's Meet 实时互动平台	×		×	×			第三章
Blackboard 在线教学平台	×		×	×	×	×	第三章
Edmodo 免费教育内容分享平台	×		×	×	×		第三章
Schoology 学习管理系统	×		×	×	×	×	第三章
Voice-Thread 媒体编辑软件	×		×	×	×	×	第三章

相似匹配（Affinity Mapping）

目的

让学生产生想法，合作分析这些想法并确定创建概念类别的模式和关系，确定每个类别的名称。这种结构可用于在单元学习初表达已掌握的知识，在单元学习末进行总结，或在整个单元学习中促进更深层次的理解。

准备

准备一个开放式问题，让学生产生多种想法。为每个学生提供一支钢笔或铅笔和8～10张便条。每个小组4～5名学生，为他们提供一张大纸（例如，屠夫纸、挂图纸或海报板），以便把大家的想法汇总起来。

步骤

（1）教师在课堂上给出问题或提示，为每个学生提供可以参考的书面副本（写在白板上或用幻灯片展示）。

（2）每个学生独立写出回答，用几个词概括每个想法——每个便条上写一个想法（低年级学生可以画出来而不需要写出来）。

（3）在给每个学生足够的时间记录4～8个想法后，每个小组将各成员的想法在一张大纸上贴出来。在张贴的时候，学生就形成了类似想法的"集群"。在这张大纸上，学生阅读了其他人的想法，可能会产生新的想法并添加进去，但他们不发言。当学生尝试创建有意义的类别时，可以移动自己或其他小组成员的纸条。

（4）在小组张贴完想法并创建了一个初步的想法框架后，他们可以相互交谈，来敲定小组的最终观点。

（5）一旦他们同意将想法分在既定类别中，学生将一起合作，为每个类别的想法起一个名字（1～4个字）。

（6）最后，每个小组在课堂上分享（或者轮流从一个海报转到另一个海报，阅读其他小组创建的类别）。当学生阅读或听取小组报告时，他们可以找到共同或重复的想法（由多个小组创建的类别）以及特殊的类别（由班级中一两个小组创建的类别）。

问题示例

（1）数学：

①我们如何在日常生活中使用分数？

②我们可以用等式解决什么样的现实生活问题？

③你用什么心理过程来检验你所做的运算正确地解决了问题？

（2）音乐：

①什么使得你欣赏和喜欢一首歌或一段音乐？

②你认为作曲家在作曲时,什么会影响他的创作?

(3)历史:

①人类历史上发生冲突的主要原因是什么?

②公民在选择候选人时的重要考虑因素是什么?

四方分享(Four Square Share)

目的

帮助学生阅读和理解意义,从文本中确定主要思想并做出总结;鼓励倾听和评估他人的观点。

准备

选择与正在学习的内容相关的阅读段落(通常是非小说类文学作品),将其分配给学生在课前或课堂上阅读,特别指出,让他们独立确定主要思想。将学生组成四人异质小组,为每个学生提供可以记笔记的模板(如图 A.1 所示)。

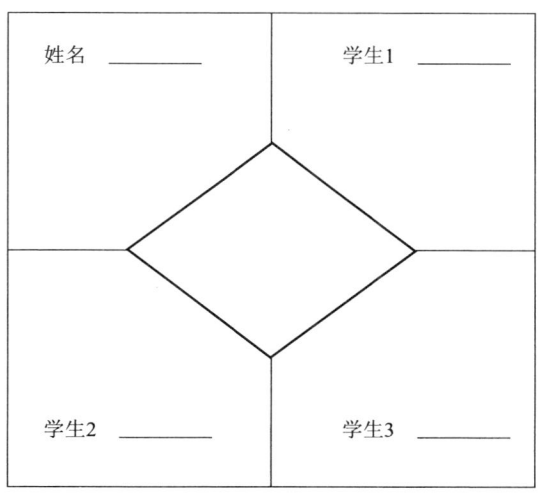

图 A.1　四方模板

步骤

（1）根据学生的阅读能力，将学生分为四人一组。一些教师会运用异质分组，将两个阅读水平高的学生与两个阅读水平中等的学生安排在一起，或者将两个阅读水平中等的学生与两个阅读水平低的学生安排在一起。其他教师喜欢随机组成小组，或者根据学生之间的关系进行分组，以确保学生可以友好相处，一起学习。指定（或让小组成员进行选择）学生担任以下角色：a. 协调员，确保小组成员遵循既定程序，b. 计时员，c. 记录员/报告人，负责在小组讨论中记录主要观点并在课堂上分享。

（2）学生阅读文章，回顾并分别记录主旨。在模板左上角的象限（"姓名"）中，每个人记下自己的笔记。

（3）志愿者首先开始分享他在阅读中记录的重要观点。当他按照个人模板上的第一个象限读取时，小组的其他成员在"学生1"象限中记录其名字，听取并在"学生1"的空白处记录他的观点。

（4）顺时针方向转动，每个学生分享自己的想法，其他人认真倾听并在空白象限中记笔记。在分享过程中，每次只有一个学生发言。当一个学生分享时，其他人静静地听并做笔记。最后，四个象限中都要有记录。

（5）接下来，给学生提供一起交流的机会，并让学生思考以下问题：出现在大多数学生总结中的观点有哪些？哪些观点只被提到一两次？哪个重要的观点根本没有被提到？协调员应提出问题并鼓励所有人参与评述他人的回答。记录员应记录对话内容，特别是小组选择讨论的主题。

（6）最后，学生在中间的菱形框中独立写一两句阅读摘要，其中包括他们认为这段文章中最重要的观点。

调整

教师可以收集每个学生的记录，以获得与三项重要技能有关的有价值的形成性反馈：学生独立理解这篇文章的情况，相互倾听和理解，并将其他人的想法纳入自己的思想体系中。

问题示例

（1）社会研究：

阅读印第安酋长西雅图 1854 年的演讲摘录。记录该酋长指出的主要争论，并找出文中的依据来支持你的观点。

（2）科学/英语/历史非小说类文学作品：

从文中读取两个指定部分。文章的这些部分有哪些重要的观点？

（3）英语语言艺术小说：

你最欣赏的主角有哪些个人特质？准备解释你的选择。

用笔思考（Ink Think）

目的

让学生创建可视化、非线性的观点和信息表达；激发学生对一个学习领域的深入思考；鼓励新的思维模式；帮助学生分享自己的观点，重视互相之间的学习和他人的观点。

准备

提出一个优质问题，让不同学生思考正在学习的科目。准备一张挂图（放在教室或走廊）和容纳每组 3～6 名学生的桌子。为每个学生准备一支马克笔。

步骤

（1）教师大声朗读问题，向每个学生提供书面问题，或者将问题呈现在白板或画架纸上，让每个学生在活动过程中可以随时参考。

（2）学生独立思考问题，并记录一些想法，做好分享准备。

（3）在指定的小组内，学生围绕一张招贴纸聚在一起并在招贴纸上记录他们的回答。小组至少由 3 名学生组成，但不要超过 5 名或 6 名。

（4）学生先独立学习，在纸上记录回答。得到的学习结果是一个概念图或思维导图。将学生关于主要观点的回答列成一行（写在记录纸的中间），其中还包括每个人的其他想法。学生不要讨论，只通过阅读其他学生写在纸上的内容"倾听"对方的观点。他们还可以"捎带"添加书面示例，通过详细阐述拓展小组的思维。

（5）提供充分的时间深入思考，这种增加的"思考时间"通常会加深学生对观点的思考和理解。要监督每个小组是否认真积极地进行了思考。

（6）经过充足的思考时间后，学生开始发言。让每个小组在招贴纸上寻找类似的观点。他们应该将类似的观点整理到一起，并给每一类观点取一个名字。

（7）学生在班上分享每组的基本观点。在分享的同时，学生应该寻找小组之间的共同点，以及各组的不同之处。

调整

提出与主题相关的 3～5 个问题，并将其分别写在单独的招贴纸上。要求学生先个别思考所有问题。然后让学生根据每个招贴纸上的问题成立小组，并按上所述做出回答。时间一到，每个小组就以顺时针方式转到下一个问题。学生从浏览第一组的观点开始，找到同意的观点，在不确定或不同意的观点旁边写下一个问号。他们还可以为小组原来的观点做必要的补充。小组按照教师给定的时间开始移动，直到回到原来的问题为止，对观点进行分类并取名。

问题示例（注意：如果一个主题有多个问题，请编号）

（1）科学：

① A. 人类基因组计划的好处有哪些？

　　B. 人类基因组计划的未来好处有哪些？

　　C. 人类基因组计划的潜在风险或不利条件是什么？

② 从 20 世纪（或 21 世纪）初开始，科学是如何改变我们的生活的？

（2）数学：

如何组合数字以获得招贴纸中间的数字？（对于低年级的小学生来说，只需要学习等式，四个海报中间的数字可以是27、35、29和40，学生可以轮换，检查前一组的做法，并加入一些其他可能的答案。对于高年级的小学生来说，教师可以补充说："在创建等式时，请考虑运用四种运算：加法、减法、乘法和除法。"更加严格的做法是，教师可以规定："每个等式至少包含两个步骤。"）

（3）英语/英语语言艺术：

① A. 创建比喻并将其记录在图纸上。

　　B. 在阅读的故事中找到明喻的例子，并准备在图纸上记录下来。

　　C. 这个故事中有运用伏笔的例子吗？

②思考你和你小组中其他人选择阅读的书并进行讨论。每个人准备写一篇有说服力的文章，从而说服班上其他人阅读这本书。这篇文章应该包括哪些重要的事件、主题、关系和问题？

（4）社会研究：

① A. 美国建立横贯大陆铁路的动力是什么？

　　B. 横贯大陆铁路在哪些方面改变了美国？

　　C. 限制使用铁路系统的主要原因有哪些？

② A. 导致20世纪60年代民权运动的一些主要不公平现象是什么？

　　B. 20世纪60年代通过的民权法案导致今天的生活方式发生了哪些变化？

　　C. 种族主义在什么方面继续影响着21世纪美国的生活？

（5）艺术：

①你在日常生活中的哪里会遇到艺术？

②在你看来，什么会使一幅绘画作品被称为杰作？

访谈设计（Interview Design）

目的

让所有班级成员在无风险的环境中，一对一地对一组问题进行提问和回答；以公平和匿名的方式收集和汇总信息和观点；促进深层次思考，因为发言者无疑是一个提问者的关注点，可以从发言者的发言中探索和延伸观点；使用优质提问策略开展实践，例如，提出问题，倾听以理解，认真思考，澄清疑惑，并适当进行具体阐述。

准备

创建有关某个话题的一组开放式问题（3～4个，以A—C或A—D的字母标记），每个问题需要相同的时间来回答，并可以按任何顺序进行提问和回答，也就是说，可以不是连续的顺序。为每个问题准备一份讲义，以备在访谈过程中使用。在教室里适当摆放好桌椅，如果有四个问题，学生可以一排坐四个人，对面再坐四个人，这样八个人组成一个小组。要多准备一些椅子，让所有学生都能坐下来。

步骤

阶段1：访谈

（1）回顾一下优质访谈的过程：

①提问时对给出问题的答案表示出兴趣。

②将发言的内容记录下来。

③给发言者提供思考时间。

④必要时，探究发言背后的想法。例如，"你可以多说一些吗？""你这样说的理由是什么？""你可以举个例子吗？""在教材中的哪里可以找到依据？"。

⑤不要做任何评论。

（2）在每排四个椅子中，从 A 到 D 给每个学生分配一个问题。给对面座位的学生分配相同的问题。这样，拿到问题 A 的学生的对面也坐着一个拿到问题 A 的学生，以此类推。

（3）确定一排"第一访谈员"，对面的一排将是"第一回应者"。让第一个提问者有足够的时间向对面的人提问。当他在倾听时，应该记一些笔记，因为后面他将会对回答进行总结。

（4）适当的时候直接让学生改变角色。"第一回应者"现在将成为提问者，对搭档进行提问并记录对方的答案。

（5）到了一定的时间后，在每组八个人中，"第一访谈员"站起来移动，使持有问题 A 的人走到这一排的另一端，然后这排的其他人每个都向旁边移动一个座位以腾出空间让座。坐在"第一回应者"这排的人保持不动。

（6）现在，学生面对持有不同问题的人。重复互相提问的过程，并记录所说的内容，当一个观点被多次讨论时，要将它记下来。

（7）继续这种提问、回答和移动的模式，直到每一排的每个人都回答了这四个问题，并向对面的每一个人问过他持有的问题。

阶段 2：汇总数据

（1）学生与持有相同问题的同学分在一起（持有 A 问题的学生为一组，持有 B 问题的学生为另一组，以此类推）。

（2）每个小组选择一个协调员（确保人人都参与）和一个记录员（记录他们的发现）。

（3）以小组为单位，检查收集到的回应，并总结出主要观点。

（4）记录员书面记录主要观点，并向全班分享。

建议

（1）在准备问题时，应该考虑具体情境。

（2）使用计时器记录时间，让每个学生在移动中都有机会参与回应和访谈。

（3）当小组的成员人数不能被二整除时，将某个人添加到其中一个不移动排的任一端。

（4）在学生掌握过程后，让他们在合作小组中提出问题，收集同学的数据，总结发现，并与班上其他同学分享结果。

问题示例

（1）社会研究：

A. 英国有一个议会制度，一直能够保留下来是因为其既考虑变化，又讲究稳定，经历了时间的考验。a. 你认为这个制度的功能是否有助于其有效运作？b. 确定制度中发生的一个变化，并解释为什么你认为它在制定时比较重要。

B. 美国的创始人创建了一个民主共和国，这个制度与纯粹的民主制有很大的不同。a. 美国政府形式的哪些特点将其与纯民主制区分开来？ b. 你认为你认同的美国制度的特征有哪些好处？

C. 极权主义政府剥夺了我们所认为的公民的基本人权。a. 你认为生活在极权主义国家的人没有享有的 3～5 项最重要的权利是什么？ b. 你为什么相信极权主义国家的公民会遵守这些对个人自由的限制？

D. 许多国家的民主政权都失败了。a. 确定一个我们研究过的曾经尝试但未能建立民主政府形式的国家。你为什么认为这个国家不能建立民主制？b. 你认为什么是民主政府形式的基本要求？

（2）元认知 / 学习：

A. 不同的人喜欢不同的学习方式。你最喜欢的学习方式是什么？

B. 为了学习，必须先思考。有什么可以帮助你思考的？为了更好地思考，你做了什么事情？

C. 为了学习，讨论很重要。什么可以帮助你在学校里的讨论，为什么？请给出具体的例子。

D. 当我们花时间努力学习时，我们会学到更多知识。什么会激励你更加努力学习？

（3）英语语言艺术：

A. 在《黑色棉花田》(*Roll of Thunder, Hear My Cry*)这本书中,洛根(Logan)家的孩子们上的是社区里的隔离学校。该校难以获得提供给社区白人学生学校的资源。a. 有什么样的依据表明他们的学校资金不足?提供至少3～4个例子。b. 这种教育的不平等是如何影响洛根的孩子的?

B. 与20世纪30年代的许多非洲裔美国人不同,洛根家族拥有土地。a. 土地所有权对洛根家族来说有什么具体的优势? b. 你为什么认为拥有土地对故事中的爸爸来说意义重大?

C. 故事的叙述者凯西(Cassie)是洛根家四个孩子中唯一的女孩。a. 你认为作者为什么选择凯西来讲述这个故事? b. 你认为凯西不同于她兄弟的个性或性格特征是什么?

D. 故事中的奶奶是一个教师,也教她自己的孩子重要的生活课。a. 你认为奶奶教给孩子们的最重要的一课是什么?你这样说的理由是什么? b. 奶奶需要特别做些什么来帮助孩子适应不平等的环境?

最后总结陈词(Save the Last Word for Me)

目的

鼓励通过阅读获得意义,从不同方面倾听和学习;帮助学生思考,深入理解文章的特定内容;促进对文章的深入思考和理解。

准备

选择阅读的文章,要求学生在课前阅读。根据不同学生的阅读能力、发言意愿和倾听能力,将学生分成四人一组,最好是具有不同技能的学生分在一组。

步骤

(1) 在课堂上给学生留出时间回顾所阅读的内容,并找出三个学生愿意讨论的观点。学生应该将每个观点及其在文本中出现的位置记下来，以备参考。如果可以提供文章的副本，学生可以圈出或在这三个观点下面做标记。

（2）每个小组应确定一个协调员，监督小组使用该方法的整个过程；确定一个计时员，让每个发言者知道发言的时间；还有要一个志愿者，由他首先发言。

（3）在整个过程中，当一个学生发言时，其他人都要保持安静，以便认真倾听并且根据需要记笔记。

（4）志愿者（或由协调员一开始就确定的学生）会提出一个他认为有趣的观点，指出可以找到该观点的文本位置，并在小组成员面前大声朗读。

（5）小组的每个成员都讨论第一个观点，详细说明该观点对自己的意义、与自己的联系，或者他是否同意该观点并说明原因。计时员控制各成员的发言不超过1分钟。接下来，轮到下一个学生发言。

（6）当所有人都发言后，介绍这个观点的志愿者有机会总结"最后一句话"。这位学生可以融入其他学生的发言内容，表明他在认真倾听和学习。

（7）反过来，其他小组成员介绍一个观点，在小组内阅读，听取成员的想法，最后对自己的观点发表评论。

（8）作为监督员的教师，要提醒学生在听其他同学发言时不要交头接耳。还要教导学生使用文中的依据和例子来支持自己的观点，并在发言时结合他人的想法。

调整

准备一个与文章有关的开放式问题，并要求学生确定三个可能的答案与相应的文本依据。问题示例包括：

①作者如何使用图像来表达故事中的情绪？

②作者提出了什么样的论证来支持其观点？

③确定三个文本中出现的你认为对个体身心健康来说很重要的程序。你会特别做什么以确保采用这种方法？

四角研讨（Four-Corner Synectics）

目的

让学生进行比较分析；促进创造性思考和小组讨论；帮助学生从多个角度思考一个话题。

准备

准备一个与研究话题有关的提示。选择四个学生可以用来创建与话题相关联系的比喻词或图片。将每个词语或图片置于单独的挂图上。在房间的每个角落放置一个并做好标记。

步骤

（1）教师大声朗读提示，并在白板或画架纸上张贴一份书面副本作为参考。例如，在学习有关政治竞选的内容时，教师可能会给出以下提示：描述你对有效政治竞选的看法。

（2）学生独立思考并写出回答。

（3）经过足够时间的思考后，教师要求每个学生选择四个可以展示自己观点的词语或图片。例如，你对有效政治竞选的看法更像是游乐场、奥运会、时装秀还是自助餐？

（4）每个学生选择一张最符合他对最初提示思考的图片。

（5）学生走到符合其观点的角落。

（6）选择同一词语或者图片的学生聚在一起，通过头脑风暴思考他们的选择是如何与话题相匹配的。例如，一场有效的政治竞选就像是奥运会一样，因为大家都准备充分，努力争取胜利，而且冠军会获得一枚"勋章"。

（7）头脑风暴后，每个小组与课堂上的其他学生分享他们的想法。

比喻示例

为学生选择比喻可以帮助你了解学生。你可以用电影、乐队、书籍、歌曲、运动或喜爱的游戏的名称。以下是我们成功使用过的一些例子：

（1）地球，火，风，水。

（2）蓝色，红色，绿色，黄色。

（3）篮球训练，指导电影，工作零售，管理餐厅。

（4）购物中心，电影院，咖啡店，体育馆。

（5）皮卡货车，凯迪拉克，城市越野，跑车。

（6）乡村音乐，说唱乐，硬摇滚，爵士乐。

建议

（1）将每组人数限制为4～5名学生。如果超过5名学生选择相同的术语，可以再把他们分为两个（或更多）小组。

（2）学生进行头脑风暴时，请各小组确定他们认为"最好的"、要与全班分享的两三个观点，并在这些观点旁边标注星号。他们只与全班分享"最优"想法。

（3）当学生完成头脑风暴并选出最优想法后，让他们指定一个与全班分享观点的汇报人。其他学生回到自己的课桌旁听取汇报。在听的过程中，让学生注意其他小组提出的与他们相同（或类似）的观点，并写下来供以后讨论时参考。

（4）在所有小组都汇报完后，引导全班学生围绕最初的问题进行讨论。

变式

四格研讨（Four-Box Synectics）

（1）学生独立并认真反思与学习内容有关的问题（同上）。

（2）在学生进行个人反思时，为学生提供一张空白的纸，并要求他们将纸分成四个象限，指导他们在四"格"内分别写出四个词语或短语。

（3）要求学生继续认真独立思考，并想出他们写的四个词语或短语与问题相似的1～2个方面。

（4）让学生以3～4为一个小组的形式围绕每个词语或短语谈谈想法，然后决定四个词语或短语中的哪一个最能代表小组集体的想法，做好在全班分享的准备。

（5）鼓励每个小组都进行分享，最后围绕最初的问题进行全班讨论。

简单研讨（Simple Synectics）

选择两个不同的术语或图片，例如，冰激凌和意大利面。让学生选择能更好代表他们对某一概念思考的图片，并解释选择这个图片的原因。例如，你可能会问："宇宙更像冰激凌还是意大利面？为什么？"或者"这本书的主要特征更像钢铁还是海绵？为什么？"

轮流讨论（Table Rounds）

目的

鼓励学生对重要观点进行思考与讨论，根据他人的观点提出自己的见解；通过建立安全和互相尊重的环境来促进真正的交流；学生通过一个旨在促进理解和激发创造力的结构化过程分享观点，以此形成全班对特定问题的集体思考。

准备

确定3～4个与学习内容相关的重要主题。对于每个主题，准备一组问题来引导交流。将问题复印后分别发给学生。为学生提供马克笔、蜡笔，以及1～2张学生用来记录交流内容的画纸。

步骤

（1）安排 4～6 名学生坐一桌（或者把一组课桌摆在一起）。在开始讨论之前，应该选出一个提问员、一个协调员和一个主持人。

（2）给每桌分配一个主题和一组问题，指导每桌学生围绕该主题和问题进行讨论。

（3）回顾重要的提问和讨论策略，例如，认真倾听，对于讲解不够清楚的观点，请求阐述清楚，使用思考时间让所有人参与思考，发表自己的看法，"借鉴"别人的观点，并诚实公开地发言。

（4）每桌的提问员应大声读出问题，让小组成员思考。

（5）讨论这些问题时，使用词语、图片和图示在画纸上记录小组的观点。

（6）每桌的协调员跟踪每个人的发言，通过向成员提问鼓励所有人参与进来。

（7）到时间后，每桌主持人和画纸保持不动。其他小组成员被重新分配到不同的小组中，这样在每次讨论时，小组成员都会发生变化。

（8）主持人的角色是欢迎新成员来到小组中，简要总结小组之前的讨论，并读出该主题的问题，提醒新成员不仅要讨论，还要在画纸上写下想法。

（9）随着活动的进展，学生讨论起来会更得心应手，每一轮都可能需要延长时间。

问题示例（话题和相关问题）

（1）社会研究：

①战争：国家发动战争的主要原因是什么？美国在过去一个世纪曾经参与过哪些战争？这些战争的结果是什么？

②和平：世界上的大多数人似乎都希望和平，但是我们只经历过很短的和平时期，为什么在 21 世纪和平生活这么难？其他国家和美国政府分别做了什么会加剧世界的动荡？我们可以做些什么——无论是作为个人还是国

家——来帮助维护世界和平？

③经济学：通常来说，金钱和财富带来的权力似乎打破了平衡，使得世界从和平转变为动乱或是战争。为什么金钱似乎是"万恶之源"呢？请给出一些例子。世界的其他地方是如何看待美国及其消费和财富的？我们是如何看待第三世界国家的？我们怎样才能改变反对和平共处的消极观念呢？

（2）健康：

①饮食：健康的饮食包括什么？为什么按照我们认为健康的方式合理饮食如此困难？在食物选择上，对我们来说最大的挑战是什么？我们可以尝试用哪些食物代替？

②锻炼：为什么将有氧运动与力量训练相结合很重要？这些锻炼方式有哪些好处？为什么很难每天都保持活力？什么有助于我们有规律地锻炼身体？

③药物：导致人们吸毒的原因有哪些？当人们知道吸毒成瘾和过量吸食会致死时，为什么还会继续吸毒？避免吸食毒品和饮酒的最佳方法是什么？身边的朋友是如何影响我们的选择和决定的？

［资料来源：改编自"咖啡桌对话"（the World Café process），可参考 Brown & Isaacs，2005］

参 考 文 献

Achieve the Core. (n.d.). *Guide to creating text-dependent questions*. Retrieved March 26, 2016.

Adams, R., & Biddle, B. (1970). *Realities of teaching*. New York: Holt, Rinehart and Winston.

Adler, M. J. (1985). *How to speak, how to listen*. New York: Macmillan.

Anderson, L. W., & Krathwohl, D. R. (Eds.). (2001). *A taxonomy for learning, teaching, and assessing: A revision of Bloom's Taxonomy of educational objectives*. New York: Addison Wesley Longman.

Appalachia Educational Laboratory. (1994). *Questioning and understanding to improve learning and thinking (QUILT): The evaluation results. A proposal to the National Diffusion Network (NDN) documenting the effectiveness of the QUILT professional development program*. ERIC Document Reproduction Service No. ED403230.

Ballanca, J. A., Fogarty, R. J., & Pete, B. M. (2012). *How to teach thinking skills within the common core: 7 student proficiencies of the new national standards*. Bloomington, IN: Solution Tree.

Barnette, J., Orletsky, S., Sattes, B., & Walsh, J. (1995, April). *Wait-time: Effective and trainable*. Paper presented at the annual meeting of the American Educational Research Association, San Francisco, CA. ERIC Document Reproduction Service No. ED383706.

Berger, R., Rugen, L., & Woodfin, L. (2014). *Leaders of their own learning: Transforming schools through student-engaged assessment*. San Francisco: Jossey-Bass.

Berger, W. (2014). *A more beautiful question*. New York: Bloomsbury.

Biggs, J. B., & Collis, K. F. (1982). *Evaluating the quality of learning: The SOLO taxonomy (structure of observed learning outcomes)*. New York: Academic Press.

Black, P., Harrison, C., Lee, C., Marshall, B., & Wiliam, D. (2003). *Assessment for learning: Putting it into practice*. New York: McGraw-Hill.

Black, P., & Wiliam, D. (1998). Assessment and classroom learning. *Assessment in Education, 5*(1), 7–74.

Black, P., & Wiliam, D. (2001). *Inside the black box: Raising standards through classroom assessment.* London: King's College London School of Education.

Black, P., & Wiliam, D. (2004). Working inside the black box: Assessment for learning in the classroom. *Phi Delta Kappan, 86,* 8–21.

Black, P., & Wiliam, D. (2010). Inside the black box: Raising standards through classroom assessment. *Phi Delta Kappan, 92,* 81–90.

Bloom, B. S. (1987). *Taxonomy of educational objectives. Book 1: Cognitive domain.* New York: Longman.

Bransford, J. D., Brown, A. L., & Cocking, R. R. (Eds.). (2000). *How people learn: Brain, mind, experience, and school.* Committee on Developments in the Science of Learning and Committee on Learning Research and Educational Practice. Washington, DC: National Academy Press.

Brookhart, S. M. (2008). *How to give effective feedback to your students.* Alexandria, VA: ASCD.

Brophy, J. (1981, Spring). Teacher praise: A functional analysis. *Review of Educational Research, 1*(1), 5–32.

Brown, J., & Isaacs, D. (2005). *The world café: Shaping our futures through conversations that matter.* San Francisco: Berrett-Koehler.

Brown, G., & Wragg, E. C. (1993). *Questioning.* London: Routledge.

Brualdi, A. C. (1998). Classroom questions. *Practical Assessment, Research & Evaluation, 6*(6).

Bulgren, J. A., Lenz, B. K., Marquis, J., Schumaker, J. B., & Deshler, D. D. (2002). *The effects of the use of the question exploration routine on student performance in secondary content classrooms.* Research Report No. 20. Lawrence: Kansas University, Institute for Academic Access. ERIC Document Reproduction Service No. ED469289.

Buoncristiani, M., & Buoncristiani, P. (2012). *Developing mindful students, skillful thinkers, thoughtful schools.* Thousand Oaks, CA: Corwin.

Byrnes, J. P. (2008). *Cognitive development and learning in instructional contexts* (3rd ed.). Boston, MA: Pearson.

Cazden, C. B. (2001). *Classroom discourse: The language of teaching and learning* (2nd ed.). Portsmouth, NH: Heinemann.

Chappuis, J. (2009). *Seven strategies of assessment for learning.* Boston: Pearson.

Christenbury, L., & Kelly, P. P. (1983). *Questioning: A path to critical thinking.* Urbana, IL: ERIC Clearinghouse on Reading and Communication Skills and the National Council of Teachers of English.

City, E. A., Elmore, R. F., Fiarman, S. E., & Teitel, L. (2009). *Instructional rounds in education: A network approach to improving teaching and learning* (6th ed.). Cambridge, MA: Harvard Education Press.

Cotton, K. (1988). *Classroom questioning.* School Improvement Research Series: Research You Can Use, Close-Up #5. Portland, OR: Northwest Regional Educational Laboratory.

Cotton, S. E. (2000). *The training needs of vocational teachers for working with learners with special needs.* Unpublished doctoral dissertation. Purdue University, Indiana.

Dale, R., & Scherrer, J. (2016). Goldilocks discourse—math scaffolding that's just right.

Phi Delta Kappan, 97(2), 58–61.

Dewey, J. (1938). *Education and experience*. New York: Random House.

Dillon, J. T. (1984). Research on questioning and discussion. *Educational Leadership, 42*(3), 50–56.

Dillon, J. T. (1988). *Questioning and teaching: A manual of practice*. New York: Teachers College Press.

Dillon, J. T. (1994). *Using discussion in classrooms*. Philadelphia: Open University Press.

Doorey, N., & Polikoff, M. (2016). *Evaluating the content and quality of next generation assessments*. Washington, DC: Thomas Fordham Institute.

DuFour, R., DuFour, R., Eaker, R., & Many, T. (2010). *Learning by doing: A handbook for professional communities at work*. Bloomington, IN: Solution Tree.

Dweck, C. (2006). *Mindset: The new psychology of success*. New York: Ballantine Books.

Edwards, J., & Martin, B. (2016). *Schools that deliver*. Thousand Oaks, CA: Corwin.

Fisher, D., Frey, N., Anderson, H. L., & Thayre, M. D. (2014). *Text-dependent questions, grades K–5: Pathways to close and critical reading*. Thousand Oaks, CA: Corwin.

Franke, M. L., Webb, N. M., Chang, A. G., Ing, M., Frenund, D., & Battey, D. (2009). Teacher questioning to elicit students' mathematical thinking in elementary school classrooms. *Journal of Teacher Education, 60,* 380–392.

Fredricks, J. A. (2014). *Eight myths of student disengagement: Creating classrooms of deep learning*. Thousand Oaks, CA: Corwin.

Fried, R. L. (2001). *The passionate teacher: A practical guide* (2nd ed.). Boston: Beacon Press.

Gagne, N., & Parks, S. (2013). Cooperative learning tasks in a grade 6 intensive ESL class: Role of scaffolding. *Language Teaching Research, 17*(2), 188–209.

Gall, M. (1970). The use of questions in teaching. *Review of Educational Research, 40,* 707–721.

Gall, M. (1984). Synthesis of research on teachers' questioning. *Educational Leadership, 42*(3), 40–47.

Good, T. L. (1987). Two decades of research on teacher expectations: Findings and future directions. *Journal of Teacher Education, 35,* 32–47.

Goodlad, J. I. (1984). *A place called school*. New York: Mc-Graw-Hill.

Hattie, J. (2009). *Visible learning: A synthesis of 800+ meta-analyses on achievement*. London: Routledge.

Hattie, J. (2012). *Visible learning for teachers: Maximizing impact on learning*. New York: Routledge.

Hattie, J., & Donoghue, G. (2016). Learning strategies: A synthesis and conceptual model. *Nature Partner Journals, 1.*

Hattie, J., & Temperley, H. (2007). The power of feedback. *Review of Educational Research, 77*(1), 81–112.

Hattie, J., & Yates, G. C. R. (2014). *Visible learning and the science of how we learn*. London, New York: Routledge, Taylor & Francis.

Heritage, M. (2010). *Formative assessment and next-generation assessment systems: Are we losing an opportunity?* Washington, DC: Council of Chief State School Officers.

Hess, K. K. (2006). *Exploring cognitive demand in instruction and assessment*. Dover: NH: National Center for the Improvement of Educational Assessment.

Hess, K. (2013). *A guide for using Webb's depth of knowledge with common core state standards.* The Common Core Institute, Center for College and Career Readiness.

Hibert, J., & Wearne, D. (1993). Instructional tasks, classroom discourse, and students' learning in 2nd grade arithmetic. *American Educational Research Journal, 30*(2), 393–425.

Hirsh, E. D. (1988). *Cultural literacy: What every American needs to know.* New York: Houghton Mifflin.

Holmes, O. W. (2015). *The poet at the breakfast table.* New York: Yurita Press. (Original work published 1935)

Hunkins, F. P. (1995). *Teaching thinking through effective questioning* (2nd ed.). Boston: Christopher-Gordon.

Jadallah, M., Anderson, R. C., Nguyen-Jahiel, K., & Miller, B. W. (2011). Influence of teacher's scaffolding moves during child-led small group discussions. *American Educational Research Journal, 48*(1), 194–230.

Jones, M. J. (1990). Action zone theory, target students and science classroom interactions. *Journal of Research in Science Teaching, 27*(8), 651–660.

Jones, S. M., & Dinida, K. (2004). A meta-analytic perspective on sex equity in the classroom. *Review of Educational Research, 74*(4), 443–471.

Kamil, M. L., Borman, G. D., Dole, J., Kral, C. C., Salinger, T., & Torgesen, J. (2008). *Improving adolescent literacy: Effective classroom and intervention practices.* Washington, DC: Institute for Education Sciences.

Kindsvatter, R., Wilen, W., & Ishler, M. (1996). *Dynamics of effective teaching* (3rd ed.). White Plains, NY: Longman.

Kohn, A. (2015). Who's asking? *Educational Leadership, 73*(1), 16–22.

Krzyzewski, M. (2007). *Beyond basketball: Coach K's keywords for success.* New York: Warner Business Books.

Ladson-Billings, G. J. (2008). I ain't writin' nuttin': Permissions to fail and demands to succeed in urban classrooms. In L. Delpit (Ed.), *The skin that we speak: Thoughts on language and culture in the classroom* (pp. 107–120). New York: The New Press.

Mack, L. (2012). Does every student have a voice? Critical action research on equitable classroom participation practices. *Language, Teaching, Research, 16*(3), 417–434.

Marzano, R. J., & Kendall, J. S. (2008). *Designing & assessing educational objectives: Applying the new taxonomy.* Thousand Oaks, CA: Corwin.

Marzano, R. J., & Pickering, D. J. (2011). *The highly engaged classroom.* Bloomington, IN: Marzano Research Laboratory.

Marzano, R. J., & Simms, J. A. (2014). *Questioning sequences in the classroom.* Bloomington, IN: Marzano Research Laboratory.

Mayer, R. E. (1999). *The promise of educational psychology: Learning in the content areas.* Upper Saddle River, NJ: Prentice-Hall.

McTighe, J., & Wiggins, G. (2015). *Essential questions: Opening doors to student understanding.* Alexandria, VA: ASCD.

Mehan, H. (1979a). *Learning lessons: Social organization in the classroom.* Cambridge, MA: Harvard University Press.

Mehan, H. (1979b). "What time is it, Denise?": Asking known information questions in classroom discourse. *Theory into Practice, 18,* 285–294.

Mills, S. R., Rice, C. T., Berliner, D. C., & Rousseau, E. W. (1980). The correspondence between teacher questions and student answers in classroom discourse. *The Journal of Experimental Education, 48*(3), 194–204.

Milne, A. A. (1992). *The house at Pooh Corner*. New York: Penguin Books. (Original work published 1928)

Nicol, D. (2010). From monologue to dialogue: Improving written feedback practices in mass higher education. *Assessment and Evaluation in Higher Education, 35*(5), 501–517.

Nicol, D., & Milligan, C. (2006). Rethinking technology-supported assessment in terms of the seven principles of good feedback practices. In C. Bryan & K. Clegg (Eds.), *Innovative assessment in higher education* (pp. 1–14). London, UK: Taylor & Francis.

Nottingham, J. (2015). *Challenging learning: Theory, effective practice and lesson ideas to create optimal learning in the classroom* (2nd ed). London: Routledge.

Nuthall, G. (2007). *The hidden lives of learners*. Wellington, NZ: Nzcer Press.

O'Keefe, V. (1995). *Speaking to think, thinking to speak: The importance of talk in the learning process*. Portsmouth, NH: Boynton/Cook.

Ornstein, A. C. (1988, February). Questioning: The essence of good teaching. Part II. *NASSP Bulletin*.

Palincsar, A. S., & Brown, A. L. (1984). Reciprocal teaching of comprehension-fostering and monitoring activities. *Cognition and Instruction, 1,* 117–175.

Palmer, E. (2014). *Teaching the core skills of listening and speaking*. Alexandria, VA: ASCD.

Palmer, P. J. (2007). *The courage to teach: Exploring the inner landscape of a teacher's life*. (10th anniversary edition). San Francisco: Jossey-Bass.

Persell, C. H. (2004). Using focused web-based discussions to enhance student engagement and deep understanding. *Teaching Sociology, 32,* 61–68.

Piccolo, D. L., Harbaugh, A. P., Carter, T. A,. Capraro, M. M., & Capraro, R. M. (2008). Quality of instruction: Examining discourse in middle school mathematics instruction. *Journal of Advanced Academics, 19*(3), 376–410.

Quaglia, R. J., & Corso, M. J. (2014). *Student voice: The instrument of change*. Thousand Oaks, CA: Corwin.

Quaglia Institute for Student Aspirations. (2013). *My voice national student report (grades 6–12)*. Portland, ME: Author.

Ritchhart, R. (2015). *Creating cultures of thinking: The 8 forces we must master to truly transform our schools*. San Francisco: Jossey-Bass.

Ritchhart, R., Church, M., & Morrison, K. (2011). *Making thinking visible: How to promote engagement, understanding, and independence for all learners*. San Francisco: Jossey-Bass.

Ronsen, A. K. (2013). What teachers say and what students perceive—Interpretations of feedback in teacher-student assessment dialogues. *Education Inquiry, 4*(3), 537–553.

Rosenthal, R., & Jacobson, L. (1968). *Pygmalion in the classroom: Teacher expectations and pupils' intellectual development*. New York: Holt, Rinehart and Winston.

Rothenberg, C., & Fisher, D. (2007). *Teaching English language learners: A differentiated approach*. Upper Saddle River, NJ: Pearson Merrill Prentice-Hall.

Rothstein, D., & Santana, L. (2011). *Make just one change: Teach students to ask their own questions.* Cambridge, MA: Harvard Education Press.

Rowe, M. B. (1969). Science, soul and sanctions. *Science and Children, 6*(6), 11–13.

Rowe, M. B. (1974). Wait time and rewards as instructional variables, their influence in language, logic, and fate control: Part one—Wait time. *Journal of Research in Science Teaching, 11*(2), 81–94.

Rowe, M. B. (1986). Wait time: Slowing down may be a way of speeding up! *Journal of Teacher Education, 37*(1), 43–50.

Sadker, D., & Sadker, M. (1985). Is the OK classroom OK? *Phi Delta Kappan, 66*(5), 358–361.

Sadker, M., & Sadker, D. (1994). *Failing at fairness: How America's schools cheat girls.* New York: Macmillan.

Sadler, R. (1989). Formative assessment in the design of instructional systems. *Instructional Science, 18,* 119–144.

Sadler, D. R. (1998). Formative assessment: Revisiting the territory. *Assessment in Education, 5*(1), 77–84.

Sadler, D. R. (2010). Beyond feedback: Developing student capability in complex appraisal. *Assessment & Evaluation in Higher Education, 35*(5), 535–550.

Saur, R., Popp, M., & Isaac, M. (1984). Action zone theory and the hearing-impaired student in the mainstreamed classroom. *Journal of Classroom Interaction, 19*(2), 21–25.

Sawyer, R. K. (Ed.). (2006). *The Cambridge handbook of the learning sciences.* New York: Cambridge University Press.

Schnorr, C. I., Freeman-Green, S., & Test, D. W. (2016). Response card as a strategy for increasing opportunities to respond: An examination of the evidence. *Remedial and Special Education, 37*(1), 41–54.

Shamoossi, N. (2004). The effect of teachers questioning behavior on EFL classroom interaction: A classroom research study. *The Reading Matrix, 4*(2), 96–104.

Shute, V. J. (2008). Focus on formative assessment. *Review of Educational Research, 78*(1), 153–189.

Sinclair, J., & Coulthard., R. (1975). *Towards an analysis of discourse: The English used by teachers and learners.* Oxford: Oxford University Press.

Swift, J. N., Gooding, C. T., & Swift, P. R. (1988). Questions and wait time. In J. R. Dillon (Ed.), *Questioning and discussion: A multidisciplinary study* (pp. 192–211). Norwood, NJ: Ablex.

Tobin, K. (1986). Effects of teacher wait time on discourse characteristics in mathematics and language arts classes. *American Educational Research Journal, 23*(2), 191–200.

Tobin, K. (1987). The role of wait time in higher cognitive level learning. *Review of Educational Research, 57,* 69–95.

Tobin, K., & Gallaghar, J. (1987). Target students in the science classrooms. *Journal of Research in Science Teaching, 24*(1), 61–75.

Tomlinson, C. A. (2014). *The differentiated classroom: Responding to the needs of all learners* (2nd ed.). Alexandria, VA: ASCD.

Tudge, J. (1990). Vygotsky, the Zone of Proximal Development, and peer collaboration: Implications for classroom practice. In L. C. Moll (Ed.), *Vygotsky and education:*

Instructional implications and applications of sociohistorical psychology (pp. 155–172). New York: Cambridge University Press.

Tulis, M. (2013). Error management behavior in classrooms: Teachers' responses to student mistakes. *Teaching and Teacher Education, 33,* 56–68.

van Hees, J. (2011). *Oral expression of five and six year olds in low socio-economic schools* (Doctoral dissertation). The University of Auckland.

Vygotsky, L. S. (1978). *Mind and society: The development of higher psychological processes* (14th ed.). Cambridge, MA: The President and Fellows of Harvard College.

Walsh, J. A., & Sattes, B. D. (2011). *Thinking through quality questioning: Deepening student engagement.* Thousand Oaks, CA: Corwin.

Walsh, J. A., & Sattes, B. D. (2015a). A new rhythm for responding. *Educational Leadership, 73*(1), 46–52.

Walsh, J. A., & Sattes, B. D. (2015b). *Questioning for classroom discussion: Purposeful speaking, engaged learning, deep thinking.* Alexandria, VA: ASCD.

Webb, N. L. (1997). *Criteria for alignment of expectations and assessments in mathematics and science education.* Washington, DC: Council of Chief State School Officers.

Webb, N. L. (2002). *Depth-of-Knowledge Levels for four content areas.* Unpublished paper. Retrieved March 22, 2016, from schools.

Wells, G. (2001). The development of a community of inquirers. In G. Wells (Ed.), *Action, talk, and text: Learning and teaching through inquiry* (pp. 1–24). New York: Teachers College Press.

Westberg, K. L., Archambault, F. X., Dobyns, S. M., & Salven, T. J. (1993). Classroom practices observation study. *Journal for the Education of the Gifted, 16*(2), 120–146.

White, J. (in press). Resistance to classroom participation: Minority students, academic discourse, cultural conflicts, and issues of representation in whole class discussions. *Journal of Language, Identity, and Education.*

Wiggins, G., & McTighe, J. (1998). *Understanding by design.* Alexandria, VA: ASCD.

Wiggins, G., & Wilbur, D. (2015). How to make your question essential. *Educational Leadership, 73*(1), 10–15.

Wilen, W. (1991). *Questioning skills for teachers. What research says to the teacher* (3rd ed.). Washington, DC: National Education Association.

Wiliam, D. (2011). *Embedded formative assessment.* Bloomington, IN: Solution Tree.

Wiliam, D., & Leahy, S. (2015). *Embedding formative assessment: Practical techniques for K–12 classrooms.* West Palm Beach, FL: Learning Sciences International.

Willingham, D. T. (2009). *Why don't students like school? A cognitive scientist answers questions about how the mind works and what it means for the classroom.* San Francisco: Jossey-Bass.

Wilson, A. (2012). Student engagement and the role of feedback in learning. *Journal of Pedagogic Development, 2*(1), 15–19.

Wolf, D. P. (2015). Of crayons and interrogative learning. In M. Glover & E. O. Keene (Eds.), *The teacher you want to be: Essays about children, learning, and teaching* (pp. 167–192). Portsmouth, NH: Heinemann.

译 后 记

呈现在读者面前的《优质提问教学法》（第二版）是一部颇有新意的书。正像本书副标题所显示的，这是一部旨在让每个学生都能够积极投入到课堂学习中去、符合班级教学转型需要的教师宝典。如何进行有效提问，这是一个老问题，也是教师急于用来武装自己的一种重要本领。本书两位作者依据长期的研究和课堂观察实践结果，更新了我们对提问的原有认识。

作者多次强调，不能把提问简单地看成是讲解练习环节中的一环。提问不是讯问，不是寻找答案，也不是满足教师的期待；提问是师生协同，是设计对话，是回应需求，是促进思考，是增强自信。本书详细回答了如何在师生协同下，围绕着准备问题、提出问题、促进思考、处理回应与打磨实践五个方面来系统地设计提问。本书写作视角独特，写作方式系统有序，内容不仅包括设计提问的完整观点阐述和理论参照，还结合了大量课堂实例和图示说明，确实是一部值得向广大教师推荐的优质提问书。

参加本书翻译工作的有盛群力（推介语、序言、作者简介、导言），吴海军（第一章、第二章、第三章），陈金慧（第四章、第六章、附录），杭秀（第五章）。盛群力对全书进行了校对和统稿。

衷心感谢中国轻工业出版社"万千教育·万千心理"总策划石铁先生和"万千教育"负责人吴红先生的支持和帮助！恳请读者对本书翻译中的不足之处给予指正！

盛群力　浙江大学教育学院课程与学习科学系

2017年12月